新中式父母

陈政桦/著

新 华 出 版 社

图书在版编目（CIP）数据

新中式父母 / 陈政桦著. -- 北京 : 新华出版社,
2018.6
ISBN 978-7-5166-4171-2

Ⅰ. ①新… Ⅱ. ①陈… Ⅲ. ①家庭教育—经验—中国
Ⅳ. ①G789.2

中国版本图书馆CIP数据核字(2018)第102974号

新中式父母

作　　者：陈政桦

责任编辑：蒋小云　　封面设计：三鼎甲

出版发行：新华出版社
地　　址：北京石景山区京原路 8 号　　邮　　编：100040
网　　址：http://www.xinhuapub.com　　http://press.xinhuanet.com
经　　销：新华书店
购书热线：010-63077122　　中国新闻书店购书热线：010-63072012

照　　排：中版图
印　　刷：北京紫瑞利印刷有限公司
成品尺寸：170mm × 240mm
印　　张：15.5　　字　　数：238 千字
版　　次：2018 年 6 月第一版　　印　　次：2018 年 6 月第一次印刷
书　　号：978-7-5166-4171-2
定　　价：46.80 元

新中式父母，就是既继承了中国传统教育精髓，

又兼容全球前沿教育理念的中国父母。

他们是学习型、成长型父母，具有全球的视野、

高端的格局，是新时代中国父母的典范。

目录

contents

附　录

前言

preface

向终身学习的父母致敬

此时此刻，你手里捧着一本有关教育的书。

我不确定你是不是一位爸爸或者妈妈，如果是，那我可以断定，你现在或者将来一定是位优秀的家长。

这个时刻，也许有的父母正窝在沙发上刷朋友圈，在电视机前看连续剧，在街头巷尾聊八卦。而你，在一静谧处细细品读，孜孜不倦地汲取更多见识和智慧。

这个世界上，有两类父母。一类是“吃老本型”父母，他们使用过去自己接受的一套教育方式来培养孩子，假如孩子表现不好，他们通常只会认为传统教育没有问题，是孩子有问题。另一类是“学习型”父母，他们会去探索与时俱进的教育方式，假如孩子表现不好，他们会反思，然后寻找更好的方式来教育孩子。

我十分坚信，正在翻看这本书的你，就是一位值得敬佩的“学习型”父母。

学习并不是一件轻松的事情。这需要耐心和毅力，意味着你要不断地反思自身的缺点，也意味着你要走出舒适区，持续地让自己的认知升级迭代。

但是，这些付出都是值得的。

我有一位学生家长，曾经也像其他众多父母一样，长期为孩子沉迷电子游戏而苦恼不已。原本亲密无间的亲子关系，也因此而日渐恶化。他发微信给我，找我支招，我当时很忙，也没多想，只是反问了他一句："你了解自己孩子玩的是什么样的游戏吗？"

没想到，他当天就去尝试着去玩了一下孩子最近常玩的电子游戏"银河历险记"。不到半个小时，他就被这款游戏深深折服了——电子游戏竟然也可以设计得这么精巧，不仅好玩、益智，还富有艺术感。

后来，他开始深入了解各种各样的电子游戏，不久之后，他对电子游戏彻底改观。过去他总觉得电子游戏没一个好东西，可经过体验之后，他发现：尽管市面上流行着不少三观不正的游戏，但不可否认的是，同时也存在着很多益智的、能培养孩子创造力的好游戏。

于是，他开始和孩子谈论游戏、一起玩优质的游戏。渐渐地，他和孩子的关系重新变得亲密起来，同时，孩子在他的引领下，还学会了克制自己和规划时间。

社会在高速发展，新生事物不断涌现。吃老本的父母，最后只会在这个崭新的世界里"水土不服"；而不断学习的父母，则会乘着时代的快车，带着孩子共同抵达一个又一个幸福的新天地。

其实，我们的身边并不缺乏这种具有学习意识的父母。只不过现实总是如此残酷，有些家长不是不知道持续学习的好处，可是，繁琐而忙碌的生活早已压得他们喘不过气了。

我已经数不清，曾经有多少父母在我面前表达过深深的自责，他们能感觉到自己错误的教育方式给孩子带来了伤害，可他们又不确定自己到底哪里可以改进。他们想改变自己，却无从入手。

同为教育者，我能体会到他们内心的焦虑和挣扎——孩子是如此纯真，他们却常常让我们捉摸不定；孩子身上携带着我们的基因，我们本以为自己很了解孩子，却在现实中一次又一次地误解孩子；我们做父母的都经历过少年时光，却无法走入眼前这个少年的内心世界。

身为语文老师的我，开始尝试着用自己擅长的方式来为家长们解忧。2016年，我在微信公众号上推出了一个音频栏目，用口语化的表达，为家长们转述家庭教育专著的精华内容。家长只需要播放音频，就可以听到与时俱进的、更科学的教育案例和理念。

在和家长听众交流的过程中，我能真切感受到他们的愉悦，他们为自己吸收了前沿的、新的教育理念而感到欣喜。

当然，旧，并不意味要遭到抛弃，中国传统教育文化也有很多值得传承和发扬的精髓。

中国的传统家庭教育，往往更注重家风的建设。所谓“家风”，就是一个家庭或家族的行为规范和处世准则。例如，被历代士大夫尊为“治家之经”的《朱子家训》开篇第一句就是：“黎明即起，洒扫庭除，要内外整洁。”这就是朱家的处世准则，“一屋不扫，何以扫天下？”

在良好家风中成长起来的孩子，他们常怀感恩、更有规则意识，行事也更有原则，更有可能成为优秀的人才。近代教育家梁启超，正是通过一封封家书，筑起乐观向上的家风，最终创造了“一门三院士，九子皆才俊”的奇迹。

不知道是不是年龄渐大的缘故，我越来越欣赏新中式的家装风格：典雅而时尚，简约而大气。看着这些设计，我想到了新时代的父母，我觉得，当今父母应该具备这样的气质。

在我眼中，新中式父母，就是既继承了中国传统教育精髓，又兼容全球前沿教育理念的中国父母。他们是学习型、成长型父母，具有全球的视野、高端的格局，是新时代中国父母的典范。

此时正在翻看这本书的你，就是这样的父母，我要向好学上进的你致敬！但愿这本理性而温暖的书，可以陪你走向更美好的幸福生活。

第一章

终身地学习

坏人可怕，愚昧的爱更可怕

这些年，你掉进了多少育儿陷阱

比造火箭更复杂的是养育孩子

和孩子一起成为更好的自己

我彻底服了这群“老不正经”的人

我发现了一套超级好的学区房

孩子出现问题，该怪谁

1. 坏人可怕，愚昧的爱更可怕

> 我们已经数不清，这个世界上有多少父母，满心都是“为你好”，最后却沦为了伤害孩子最深的那个人。到底是什么，让“好心”变成了“坏事”？是愚昧。愚昧的爱，比赤裸裸的恨更可怕。赤裸裸的恨，我们可以防备，可来自亲人愚昧的爱，却害人于无形。

朋友说，她一个暑假就在孩子的课外辅导上花了好几万。她在说这些话的时候，心疼的不是那些钱，而是她十一岁的儿子。

儿子几乎整个暑假都在各式各样的辅导班里学习，花了这么多的时间和精力，到最后不仅没有进步，还退步了。失落的她告诉我，她隐约感受到儿子开始变得越来越不自信了。

我问她给孩子报了哪些辅导班。当她提到“右脑开发班”和“波动速读班”的时候，我知道，真相已经浮出了水面——她的儿子被那些伪科学祸害了。

科学界早已揭露了“右脑开发”的骗局，所谓的“波动速读”，一分钟看两万字，更是荒诞不经。参加这些课程的学生，荒废时间不说，到最后通常只能学到一些蛊惑人心的旁门左道。

朋友悔恨万分，她说：“没想到，我一番好意，却害了孩子。”

朋友的话让我想起了那些送孩子去参加电击治疗的父母。那些父母为了帮助孩子戒除网瘾，听信那些虚假广告，亲手把孩子送上了电椅。那些饱受电击摧残的孩子，确实摆脱了对网络游戏的沉迷，可他们同时也变成了精神上的植物人。

我们已经数不清，这个世界上有多少父母，满心都是“为你好”，最后却沦为了伤害孩子最深的那个人。

到底是什么，让“好心”变成了“坏事”？是愚昧。

愚昧的爱，比赤裸裸的恨更可怕。赤裸裸的恨，我们可以防备，可来自亲人愚昧的爱，却害人于无形。

没有人会希望自己成为那样的父母，那怎样做才能避免因自己的愚昧而伤害到孩子呢？唯一的途径就是学习。

一提到“学习”，不少人首先想到的是看书。其实学习的方式不止一种，和某个领域的大咖聊一次天、听一次讲座、走一趟潇洒的自助游、学一套瑜伽课程、参加一次俱乐部的活动，都可以成为我们成长的契机。

学习，成为与时俱进的父母

也许，如果把我们放在改革开放前，就算不怎么学习，我们也能成为一个称职的父母。毕竟在过去的旧时代，一切都变化得很缓慢，二十年前和二十年后，基本也没有多大的差别。古代更是如此，假如一个汉朝的人，穿越到千年之后的明朝，他也不会感受到很大的变化。所以，在过去，多代传承的教育经验一直都能奏效。

但是，现在不一样了。如今整个社会的方方面面，都在发生着巨大的变化。没有哪一个时期，像今天这样，人与人之间存在着如此巨大的认知鸿沟。不同认知层次的人，他们仿佛分属于不同的物种。以至于网上流传着这样的一句话：在这个时代，人与人之间的差别，有时比人与猪之间的差别还要大。

父母与子女之间，也很容易会形成巨大的认知鸿沟。不知道你有没有留意到，其实“代沟”是我们这个时代特有的现象。但是，“代沟”不应该成为父母放弃和孩子好好沟通的借口，相反，它应该成为父母不断成长的动力。

我有一位学生，考试经常排在年级前十名的学霸，我偶尔会和她的妈妈一起吃饭聊天。我记得，上上次她的妈妈和我分享了自己 cosplay（二次元角色扮演）的体验，要知道，这是和她平时工作完全不沾边的活动。而上一次我们探讨的是区块链技术，这对于广播员出身的她来说，也是一片全新的领域。

对世界保持着好奇心的父母，他们和孩子之间会有聊不完的话题，而这个日新月异的时代，也会赋予他们源源不断的青春活力。

学习，成为精神富足的父母

求知，可以让我们保持一颗年轻的心，它可以拉近我们和孩子之间的距离。

与此同时，有些父母却在哀叹青春的流逝，当他们听到那首《时间都去哪儿了》的时候，感慨万分：是啊，“生儿养女一辈子，满脑子都是孩子哭了笑了”，“时间都去哪儿了，还没好好感受年轻就老了”。这份爱充满了悲情，而承受着这份爱的儿女们，内心常常怀有深深的愧疚感。

亲子之爱，何必如此悲壮呢？爱，本是幸福之源，但那种“为你倾尽一切”的爱，实在让人难以承受。

生活中，正是那些精神空虚的父母，他们缺乏精神寄托，容易对孩子产生过度的关注，而对孩子过度地关注，就如同对植物浇灌了过多的水。

为人父母，我们应该要有一座自己的精神花园，里面有一片分给孩子的空间，也有一片属于自己的世界。在那里，我们会给孩子施肥灌溉，也会为自己的花草修剪枝叶。

曾经的世界首富巴菲特，被朋友戏称为“一本长了两条腿的书”。热爱阅读的他，即使已经年过八旬，还掌管着全世界最大的投资公司，至今仍保持着敏锐的大脑和思维，以及对工作和生活的热忱。他在儿子霍华德创业遇到挫折时，没有过多干涉，只是云淡风轻地告诉儿子：“拥有再多的财富，也不如拥有没有疆界的知识踏实。”

巴菲特，用他富足的精神世界，滋润了自己，也激励了孩子。

学习，成为眼界开阔的父母

确实，有时父母意味深长的一句话，甚至是一个眼神，也能胜过千言万语，在孩子的内心埋下一颗饱含哲理的种子。或许孩子不能一下子参透，但随着孩子的阅历日渐丰富，终有一天，这颗哲理的种子必定会长成大树、结出智慧的果实。

为人父母，想在孩子的内心种下这样的种子，谈何容易？如果自身没有丰富的阅历和开阔的眼界，如何在恰当的时机说出精辟而富含哲理的话语？

整日碌碌无为、生活在“三点一线”当中的父母，从他们的口中，我们只能听到对社会不公的抱怨，或者是得过且过的自我安慰。这样的父母，不但没有给孩子的成长提供养分，反而用他们狭窄的眼界框住了孩子的未来。

我见过把孩子的课外书《三体》撕得稀巴烂的父母，见过把孩子的六阶魔方扔到垃圾桶里的父母，还见过把孩子的吉他琴弦扯断的父母，而他们竟神奇地操着同样的口头禅：搞这些乱七八糟的东西有什么用？

目光狭窄的父母，很可悲，也很可恨。在他们的视野范围里，只能看到一条路，教科书是唯一的知识载体，分数变成了衡量前途的唯一标准。

世界那么大，怎么可能只有一条路可以走呢？

麻省理工学院前中国区总面试官蒋佩蓉，在儿子凯安读完小学后，她并不急于让孩子升入初中，而是精心组织了一场为期一年的环球之旅。在旅行中，儿子参与行程制定与解决旅途问题，拓展了视野，爱上了写作，还成为摄影和天文学的发烧友。

是什么，决定了我们将成为孩子成长的引路人还是拦路虎？是“眼界”。

学习，成为格局高端的父母

当然，真正的开阔眼界，并不是看到远方的风景，而是拓宽自己的认知边界。一个认知边界在不断拓宽的人，他不仅能看到更多、看得更远，还看得更深。

不断地对内构筑富足的精神世界、对外拓宽认知边界的父母，最后必然会成为格局高端的父母。这类父母，他们思考问题的维度，通常会比普通的父母更高。

职业生涯规划师古典，当年在新东方担任一对一私教班英语老师的时候，经常和家长聊孩子的学习进度。有时他会说：“你们家孩子词汇量还不够，要把这 6000 词汇尽快背完，然后阅读分才会好。”这个时候，他经常收到两种回答。

一种回答是："听到没有！要听古典老师的话！回去好好背，好不好？"另一种回答是："古典老师，我们家孩子就是不爱背单词，但是他喜欢阅读。我们的进度不需要那么赶，你能不能陪他多读点儿有趣的英文书？"后面这种回答，震惊了古典。

古典说，两种不同的回答背后，是两种完全不同的世界观——前者是"按照要求完成任务"，后者是"我可以要求世界以符合我的方式教学"，前一种家长的孩子会成为最优秀的员工，而后一种家长的孩子，未来则有可能成为真正的领导者。

万维钢在他的著作《智识分子》里，将教育目标分成了三个层次：贫民家庭对教育的期待是培养工具，以找工作为目的；中产家庭对教育的期待是培养工艺品，以提升个人价值为目的；上层家庭对教育的期待是培养主人翁，以欣赏、选择和改变周围世界为目的。

很多人都说，现在中国的贫富分化越来越严重了，这是事实。但从根本上来说，不同阶级之间的差距，不在于财富的差距，而在于思维方式的差距。

只有思考的维度足够高，才有资格成为一流的父母。如果你是三流的父母，凭什么拥有一流的孩子呢？

学习，成为财务自由的父母

然而，现实总是很残酷。就算你高瞻远瞩，心怀高远的教育目标，当你想去实践的时候，你发现：目标越高，代价越大。

比如前面提到的那位来自麻省理工学院、用一年时间带儿子去环游世界的妈妈，这样的教育方式确实高明，毋庸置疑，这将给儿子带来终身受用的经历和见识。可是，这种教育又有多少人能消费得起呢？

这正如咪蒙所言：“反抗教育制度这事，有钱人才配玩。”

几乎所有的家长都心知肚明，国内的传统学校教育存在诸多弊端。看着孩子在题海中挣扎、在流水线式的学校教育中变得越来越平庸，又有多少家长不曾彷徨失落？彷徨，不是因为选择多，而是明明有更好的选择摆在我面前，我却没有选择的筹码。这一场逃离传统教育的游戏，起步价通常是几百万。

可是，彷徨可以解决问题吗？既然知道优质教育的好，我们为什么不去追求呢？没有筹码，那不是更应该行动起来去努力争取吗？

实际上，这个世界从来不缺乏改变现状的机遇，方法也总是比困难更多。18 年前，一本奇书《富爸爸穷爸爸》在中国面市，此后连续 18 个月蝉联全国图书销售榜第 1 名，连续两年半名列畅销书排行榜前 10 名。时至今日，我们仍然可以在各大图书畅销榜单上看到它。

这是一本通过了时间和千万读者考验的书，如果你去豆瓣网和知乎网上看看读者评价，你就会发现这本书改变了多少人的理财观和命运。

所以有时候，是成为“富爸爸”，还是“穷爸爸”，只在一念之间。

学习，成为孩子崇敬的父母

看到这里，你也许会感叹一句，“做一个优秀的父母，真的好难！”我们常常鼓励孩子，要勇敢、要坚强、要敢于拼搏、要敢于挑战，这一刻我们不妨反问自己：我们自身做到了吗，我们是不是应该用行动来教育孩子呢？

有人曾经在知乎上提出了一个问题：不爱父母，正常吗？

其中获赞最多的答案是：世上父母有两种，一种成为孩子一生崇敬的榜样，一种让孩子明白永远不要活得像父母那样。

如果你看到了这篇文章的最后，请相信自己，你一定是一位好学的父母，也请你相信，你一定能给孩子一份温暖而理性的爱，也会活出属于自己的精彩人生。在你精彩的人生里，你不仅会拥有更好的自己，还会收获孩子的爱，一份怀有崇敬的爱。

2. 这些年，你掉进了多少育儿陷阱

> 本想“赏识教育”，却教出了骄傲自负的孩子；换成“挫折教育”吧，孩子又变得畏首畏尾；于是把手放开，进行“快乐教育”，却让孩子进入了放纵模式；最后，再来个“延迟满足”，好吧，孩子干脆就不思进取了。

先和大家分享一个案例：一位读初二的女生，学习很一般，妈妈整天数落她。某一天，妈妈听了一场讲座，了解到要对孩子进行赏识教育。

不久后，女儿数学测试考了个 80 分，回到家正准备硬着头皮挨骂，没想到妈妈反而给了她一个大大的夸奖：“孩子你太优秀了，比上次提高了两分呢！”女儿听了很高兴，觉得妈妈听了讲座还真的变了。

过了些天又测验，女儿这次只考了 75 分。没想到妈妈又给了她一个大大的表扬：“太好了，你真棒！还差 25 分就 100 分了！”

话音未落，女儿就蒙了：什么？我妈到底是在表扬我还是在讽刺我啊？

最近这些年，我们越来越重视家庭教育，家长们四处寻求育儿的良方，也学习了不少育儿方法，但实操效果却差强人意，甚至事与愿违。

比如，本想“赏识教育”，却教出了骄傲自负的孩子；换成“挫折教育”吧，孩子又变得畏首畏尾；于是把手放开，进行“快乐教育”，却让孩子进入了

放纵模式；最后，再来个“延迟满足”，好吧，孩子干脆就不思进取了。

有过类似经历的家长，也许会发出一声感慨：这哪是什么育儿良方，这简直就是一个个育儿陷阱。

那么，这些育儿方法真的是陷阱吗？

说到这里，我想向大家推荐一本书——《整体养育》。

这本书的作者是一位心理学博士，也是两个孩子的妈妈，她用扎实的理论基础和实践经验提醒我们：在运用育儿技巧时频繁翻车，也许是因为我们没有看清孩子整体的发展规律，让自己陷入了头痛医头、脚痛医脚的养育困境。

也就是说，其实很多教育理念都没有错，只是我们在错误的时间和错误的情境之下，将这些教育方式用到了无辜孩子的身上。用整体养育的思路去看待孩子的发展，才能看清楚来路和去路，进而反思自己的养育方式，帮助孩子更好地成长。

下面和大家分享书中的两个重要建议。

第一，整体养育，就是“改变视角”

我们既要改变“时间视角”，也要改变“空间视角”。

所谓的改变“时间视角”，就是要用发展的眼光看待孩子的成长。比如，当我们看到一个两三岁的孩子不会控制自己的情绪时，无需大惊小怪，因为控制情绪和行为的是大脑的前额叶，而前额叶要到 20 岁左右才能发育成熟。

而所谓改变“空间视角”，就是如果孩子出现了问题，不能只想着从孩子身上找解决方案，还应该把眼光转移到父母身上，甚至整个家庭系统之上。比如，有一位家长曾向我诉苦，说上高中的女儿不思进取，而她为了改变女儿，已经用尽一切手段——写信、聊天、好说歹说、威逼利诱等，都无济于事，女儿还是沉迷手机和游戏。

是女儿学坏了吗？我觉得并不是。因为我接触过这位女生，我知道她从小对艺术很感兴趣，可是她的父母对艺术生抱有偏见，不赞同她走艺术这条路。一位少年，本可以享受逐梦的酸甜苦辣，却被父母以爱护为名，禁锢了手脚，试问哪个少年还能保持对未来的憧憬？

第二，整体养育，就是“抓大放小”

你坐电梯的时候，有没有遇到过命令孩子给别人打招呼的妈妈？“宝贝，见到阿姨怎么不叫阿姨好啊？来，叫一声阿姨好。诶，今天怎么变哑巴了，这样可不是一个有礼貌的乖孩子哦。”

这位妈妈的出发点是好的，但过度纠结于孩子的细枝末节，反而会剥夺孩子的自我成长机会。放松一点，以身作则，无需命令，孩子自然会懂得礼貌待人。

在这方面，斯坦福妈妈诸葛越的做法就非常值得借鉴：她把养育中的事划分为“身教比言传更有用的事”“孩子长大了就会的事”“家长不管的事”和“家长一定要灌输的事”。在心里装一座天平，养育路上才不会乱了方寸。

以上就是这本书中的两点重要建议。

几乎每一位焦虑父母，都在寻找“药到病除”的育儿解药，希望专家给出一个标准的育儿答案。然而，世上并不存在一个统一的育儿公式。如果父母可以了解儿童发展的规律和特点，以及一些为人父母的原则和方法，很多问题可能就会迎刃而解。

话说，有两个人在盖房子。

有人问，你们在干什么? 其中一个人说，我在砌砖呀! 而另一个人说，我在盖一座漂亮的大房子。

愿你我都是那个盖大房子的人。

3. 比造火箭更复杂的是养育孩子

> 他们都以为自己掌握的是教育真理。很不幸的是，这个世界上充斥着各种相互冲突、相互矛盾的所谓“教育真理”。

他们夫妻俩又吵架了。丈夫一气之下，摔门而去，留下妻子和十五岁的儿子。

屋子里刚才还是暴风骤雨，这一刻忽然间一片死寂。妻子躺在沙发上，默默地抹眼泪；房间里的儿子，两眼直直地看着书桌上的课本。

我想，你已经猜到这个屋子里刚才发生了什么事情。是的，丈夫又和妻子因为孩子的学习成绩而吵架了。

儿子今年读初三，刚考完一次模拟考，这一次又退步了很多。丈夫看到孩子的成绩和年级排名，勃然大怒，对着儿子破口大骂。这时，妻子却做出了制止丈夫的行为。她关上了孩子的房门，要求丈夫马上闭嘴。

“我在教育儿子，你又来捣乱。真是慈母多败儿！”

“我捣乱？孩子学习成绩这么差，就是被你骂成这样的！”

一番争吵之后，情绪激动的丈夫，选择了摔门而去。

这么多年来，有多少位家长亲口向我描述过类似的经历，我已经记不清了。如果说“家家都有一本难念的经”，那么，“夫妻为孩子的教育问题而吵架”很可能就是最常见的那一本。

不知道从什么时候开始，由于教育观念冲突而引发的夫妻争吵，竟然变成了这个社会的一种普遍的现象。有些事情真是巧得可怕，就在我写这段文字的时候，我旁边的同事正埋怨着自己的老婆不会教孩子。

我想起了《虎妈猫爸》和《小别离》。这两部曾经掀起讨论热潮的家庭情景剧，当中的夫妻就经常因为教育观念的差异而争吵得不可开交。看着他们的争吵，你会发现他们各自都有一套自己的教育理论。他们各执一词，谁也说服不了谁，最后，不欢而散，留下一个不知所措的孩子。

他们都以为自己掌握的是教育的真理。很不幸的是，这个世界上充斥着各种相互冲突、相互矛盾的所谓“教育真理”。

对于教育这件事，为什么会有这么多各式各样的理论？其中原因，我们不得不承认，教育真是一件非常复杂的事情。

有人曾经这样说：世界上的事分三种，一种是简单的事，比如造汽车；第二种是复杂的事，比如造火箭；第三种，超级复杂的事，比如教育孩子。

对于这个说法，《最强大脑》的科学裁判 Dr. 魏表示非常赞同。

养育着两个孩子的科学家爸爸 Dr. 魏说：生产汽车、制造火箭，只要原理正确、图纸无误、制造没偏差，它们就能正常运行。而养孩子，天啊，不光没有统一的公式和标准图纸，在孩子成长的过程中，还随时可能出现新的变量。更可怕的是，汽车、火箭造不好可以重来，养孩子，那可是一锤子买卖，不可以重来呀！

如果你也认同养育孩子比造火箭更复杂，那我们不妨想一想，人家造火箭的科学家们都要认认真真地钻研好多年专业知识才有资格去造火箭。

而我们呢？在生下孩子前，有认真钻研过怎么教育孩子吗？就算生下来之后，有认真钻研吗？我们很多时候只是凭借本能或者一些老旧的经验来教育孩子。

一个月的婴儿和三个月的婴儿不一样，一岁的幼儿和三岁的幼儿不一样，十岁的儿童和十三岁的少年也不一样。对于新手父母，每个新的一天，孩子都不再是昨天的那个孩子，带孩子的每一个阶段，都必然面临新的课题。

这些新课题，需要父母通过不断地调整方式去解决。如果父母觉得自己已经会做父母了，不再学习，停止成长，就会发现，孩子不听话了、不好管了、孩子叛逆了。其实，不是孩子叛逆，是孩子在加速成长，而父母自己却停止了成长或者成长太慢，跟不上孩子的成长速度了。

面对孩子的成长，不要有自己老去的伤感。青春不再、华发渐生是人生必然。肉身可老，精神却需要成长，人生真正的可悲之处，不是肉身的老去，而是精神的早亡。所以，伴随孩子成长的，不应该是父母的老去，而是父母的成长。

今天我要向各位推荐一本非常精彩的家庭教育札记——《育儿基本》。值得一提的是，这本书是由一对夫妻一起写出来的。我们不妨看看，在教育这条道路上，什么叫“夫妻同心，其利断金”。

好吧，人家两夫妻都开始一起写书了，我们就算做不到一起写，至少也能做到一起学嘛。

4. 和孩子一起成为更好的自己

> 世界上既没有完美的孩子，也没有完美的爸妈；但是我们可以用欣赏的目光来相互鼓励，一起成长，一起成为更好的自己，这才是一个家最美好的样子。

最近有一档电视节目《朗读者》引起了广泛的关注。

它没有花哨的形式，没有奇幻的特效，没有热闹的气氛；它很简单、很平淡，也很安静，却能深深地吸引万千观众，让每一个观众都能从中收获智慧和感动。

这个节目前不久邀请了“童话大王”郑渊洁来做朗读嘉宾，他有一个让自己引以为豪的优秀的儿子，可他全程都没有提到自己的儿子，相反，他花了很多的时间来谈父亲对自己的影响。

一个人，一本月刊，32 年，到今天为止，已经发行了两亿多册，这是一个难以超越的世界纪录。

是什么让郑渊洁一直坚持，没有放弃，他说，是他的父亲。

郑渊洁早期刚开始写作的时候，用的是钢笔，一般来说，他每天都要给钢笔加一次墨水。可是有一段时间，一个多月过去了，他的钢笔竟然还有墨水。

一开始他也没有仔细想，只是觉得挺有趣的——难道自己写童话，还真在生活中遇到了童话般的经历？

有一天晚上，半夜两点多，他去上厕所。经过书房的时候，他忽然发现，父亲正在偷偷地给他的钢笔加墨水。

看到这一幕的郑渊洁很吃惊，也很感动，那一晚，他和父亲聊了聊自己的写作事业。

父亲问他："你一个人能把这个《童话大王》月刊写多少年？"

郑渊洁回答："只要你和妈妈活着，我就一直把它写下去。"

然后父亲说："只要你一直写下去，我和你妈妈就一直活下去。"

往事回忆到此处，郑渊洁的脸上露出了自豪的表情，他和董卿说，父亲今年 86 岁了，身体还是很健康，有时走路比他还快。

在郑渊洁的家庭里，我们看到的是一种非常和谐的家庭关系，更为难得的，是一种无话不谈、亲密无间的父子关系。

到底是什么，让他们拥有这种亲密的父子关系呢？

今年已经 62 岁的郑渊洁，回忆起年幼时光，他最先想起的，是他的父母从来没有打过他，甚至连重话都没有说过。在那个几乎所有父母都会打骂孩子的年代，他那两位军人出身的父母却选择了一种温柔的教育方式。

当然，如果郑渊洁真的犯了错，他的父母也会惩罚他。惩罚的方式就是让他写检讨，但是检讨的要求比较高——这次写的检讨和上次的不能重复。

紧接着，郑渊洁和大家分享了一个改变他一生的写检讨的经历。

当年他在河南上小学，有一次老师留了一个作文题，题目叫《早起的鸟有虫子吃》。他在写的过程中把题目改了，改成了《早起的虫子被鸟吃》。

老师收上来一看，非常不满意。郑渊洁就解释：你是鸟，你早起就可以丰衣足食；可如果你是虫子，你早起就有杀身之祸。

这个解释听上去其实挺合理的，可是他的老师却认为他是在狡辩，于是就罚他在全班同学面前说几百遍“郑渊洁是这个班上最没出息的人”。

年轻气盛的郑渊洁，当着喜欢的女孩的面，他想到了反抗。他拿出十几个类似于爆竹的拉炮，一边在嘴上说“郑渊洁最没出息、郑渊洁最没出息”，一边在桌子底下偷偷地拧拉炮。

拉炮拧成一股绳的时候，引爆了。老师当场气炸了，二话不说，把他撵出了教室，还声称要把他开除。

那天，郑渊洁回到家之后，想到父亲迟早会知道这件事，就提前写好了检讨。可是那篇检讨写着写，最后写成了一篇有人物、有悬念、有伏笔、还很煽情的小说。

不久之后，父亲从外面种地回来了。他看到父亲的脸是阴沉的，心想父亲一定是听到了儿子的坏消息，于是赶紧双手递上精心写好的检讨。

父亲也没多说什么，拿过检讨就开始看。看着看着，父亲的表情出现了微妙的变化——他笑了。也许是父亲从这一篇检讨的文字里面感受到了儿子的文学天赋，他也就没有再追究下去。

可是学校并没有原谅郑渊洁。后来父亲带着他去参加学校的投票表决会议，最后的结果是他被学校开除了。

在回家的路上，父亲对他说了一句话。父亲说：孩子，没关系，我在家教你。

过了好多好多年，在父亲的默默支持下，郑渊洁的写作事业蒸蒸日上。

有一次郑渊洁坐火车，他带了一本《爱迪生传》在火车上看。他在这本书里面看到了一个似曾相识的经历。爱迪生上学上到三个月的时候，老师就把他妈妈叫过去，说“你的孩子朽木不可雕，是不会有出息的”，然后把爱迪生赶出了学校。

爱迪生的妈妈领着他在回家的路上，他妈妈说了一句话。妈妈说：没关系，孩子，我在家教你。

看到这里，郑渊洁的眼眶湿润了。他想起了父亲当年的决定，想起了多年来父亲对他的理解、宽容、陪伴和默默的支持……就在那一刻，他开始像个孩子一样大哭起来。

我想，这就是郑渊洁创造奇迹的原因之一：他的背后有一位善于发现孩子天赋，并且努力守护孩子天赋的父亲。

世界上没有完美的孩子，但是每一个不完美的孩子身上，都有他们各自的天赋。如果我们作为家长的，能够多多留意他们平时不经意间展露出来的闪光点，再给予足够的鼓励和支持，那么，孩子一定能撑起一片属于他们自己的天空。

最后向各位爸爸妈妈推荐一本书，这本书的书名叫《陪伴式成长》，副标题是“和孩子一起成为更好的自己”。

我觉得这本书所提到的一个观点很值得和大家分享：有时我们之所以很难接受孩子本身的样子，其实并不是因为孩子的行为有问题，而是因为我们会把这个真实的孩子，与我们心目中完美的孩子进行比较。

有些爸妈经常把“别人家的孩子”挂在嘴边，可他们有没有想过，自己的孩子似乎从未在自己面前提过“别人家的爸妈”。

事实就是，世界上既没有完美的孩子，也没有完美的爸妈；但是我们可以用欣赏的目光来相互鼓励，一起成长，一起成为更好的自己，这才是一个家最美好的样子。

5. 我彻底服了这群“老不正经”的人

> 学习不再是某一个阶段的特定任务，它已经成为贯穿我们一生的主题，如果我们想要享受这漫长而多彩的人生，我们首先必须是一个乐于学习的人。

我有一位开美容养生馆的好朋友，她最近做了一次全面的基因检测，检测出来的结果让她喜出望外，因为这份专业的检测报告预测她可以活到 107 岁。

现在我们身边有多少人能活到 107 岁呢？还真的很少见。难道我这位朋友被骗了？我觉得并没有。

这个星期恰巧我看到了一本叫作《百岁人生》的书，它的副标题是：长寿时代的工作与生活。

这本书在国外受到了很多大媒体的推崇，甚至还被评为“2016 年最值得阅读的十大图书之一”。遗憾的是，这本书暂时只有英文版，没有中文版，但是没关系，桦老师今天和你分享这本书的精华内容。

欢迎来到“长寿时代”

《百岁人生》这本书开篇就告诉我们一个天大的好消息，那就是：我们这一代人当中，很多人都能活到一百岁。

原因其实很简单，随着科技的高速发展和生活质量的提高，我们人类的寿命每年都存在着一种递增的趋势。美国加利福尼亚大学等研究机构的数据显示，这个递增的速度大概就是每过十年，人类的平均寿命就增加两到三岁。

进入21世纪之后，速度更快：从2001年到2015年，在这15年的时间里，人类的平均寿命增加了5岁。

中国更不得了，从新中国成立到2016年，67年的时间里，中国人的平均寿命增加了36岁，上升到76岁。

看了这些数据之后，我惊呆了。

过好百岁人生，是个难题

我立马拿出计算器，开始啪啪啪地算。自娱自乐地粗略计算之后，我惊喜地发现自己也很有机会成为一个百岁寿星。

然后，我陷入了幻想之中，幻想着自己年老后的生活。我坐在书桌前，足足想了半个小时，最后我竟然发现，想要过好这么漫长的一生，真是一件很不容易的事情。

不信的话，你也可以试一试：想一想，如果你一辈子有100年，你会怎么过？

退休后带孙子吗？你八十岁的时候，你的孙子都已经大学毕业了，后面的二十年怎么度过呢？在公园里晒太阳？在广场上跳舞？在家里写写书法养养花？

如果每天过得都是一个样，那活一年和活二十年又有什么区别呢？

新时代老年生活的典范

难道我们的生命就应该在七老八十的那一刻开始停滞不前吗？也许过去是，但现在一定不是。

我们不妨看看，现在已经有一些走在时代前沿的老爷爷老奶奶们开启了他们精彩无比的老年生活。

大概两年前，在一次国际时装周的T台上，出现了一个79岁的男模特，他赤膊上阵，健硕的身材一览无遗，那脚步，轻盈得像踩了一朵祥云。这个模特就是王德顺。他从50岁开始健身，练就了今天这个让很多年轻人都羡慕的健硕身材。

如今，王德顺已经81岁了，他的每一天都过得非常充实，从健身到拍戏，他都乐在其中，创造着一个又一个的巅峰。

还有一位名叫“若宫正子”的日本老太太，在银行工作了43年，60岁退休之后开始学习使用电脑。21年过去了，今年81岁的她开发了一款游戏，并且还在苹果手机的应用商店上线了。

更让人佩服的是一位来自美国的时尚奶奶，1921年出生的她，今年都已经96岁了，但是她依然活跃在时尚界和商业世界中，就在前不久，她和科技公司一起合作推出了智能珠宝。

看了这些老人之后，我又惊呆了。

一起来告别“三段式人生”

上面提到的这些老人，他们之所以让人惊叹，是因为他们把一辈子活成了几辈子的模样。

过去我们常常认为，人到老年，就应该安享晚年，然后等待生命的终结。可是在这个时代，假如一个人 60 岁退休，100 岁才去世，那这中间 40 年的时间，难道就只是用来等待生命的终结吗？

40 年的时间，足以让我们再活一辈子。

我们是时候要抛掉过去那种传统的人生规划了。传统的人生规划，我们称之为“三段式人生”，它把人生分成了边界非常明显的三个阶段：第一个阶段上学，第二个阶段工作，第三个阶段回家养老。

三段式人生几乎是过去几十年里大多数人的基本节奏，但这只适合人均寿命只有六七十岁的时代。

当大多数人都能活到 100 岁的时候，我们就应该活出多样的人生，这样的人生，我们称之为“多段式人生”。

和孩子一起成为“终身学习者”

多段式人生，让我们的一生充满了更多的可能性。

我们几乎已经不可能再一辈子只做一种职业了，我们的一生很可能会存在更多重的身份。

说到这里，我的脑海里又开始想象自己未来的生活。或许十几年后，我会辞去老师的工作，去学习如何烹饪和品鉴美食，然后成为一名优秀的美食家；再过十几年，也许我会去学习如何制作手工艺品，然后开一家私人的手工艺作坊。

想到这里，我的内心充满了幸福感。这个世界变化很快，但是我打心底里感谢这个时代，它让我有更多的时间和空间去创造更丰富多彩的人生。

不知道你有没有发现，我在幻想自己未来的时候，反复提到一个词，那就是“学习”。

是的，学习不再是某一个阶段的特定任务，它已经成为贯穿我们一生的主题，如果我们想要享受这漫长而多彩的人生，我们首先必须是一个乐于学习的人。

父母是孩子最好的榜样。如果我们本身就是一个主动拥抱新事物、热衷于学习的人，那么我们的孩子肯定也会是一个好学上进的好学生。

好吧，亲，要不我们明天一起去学习制作一个美味的蛋糕？

6. 我发现了一套超级好的学区房

> 如果你想自己的孩子成为“别人家的孩子”，那你先得成为众人称赞的那种“别人家的父母”。

“看样子，我们佛山的房价还会继续涨。”

我们几个朋友在饭桌上闲聊，和周边的佛山人一样，我们每逢饭局，必聊房价。

说到房价，我们总会提到一个词——疯涨。

大概一年前，我去看佛山千灯湖旁的一个小区，询问二手房的价格，当时的价格是 15000 元一平方。

听到这个价格，我惊为天价，一个二线城市居然会把房子卖到这样的价格！我想买，可是真的买不起，于是我灰溜溜地转身放弃了。

一年过去了，我们几个朋友坐在一起聊天，朋友说：“你之前看的那个小区，现在已经升到了均价三万。”

我受到严重的惊吓，下巴掉到了地上。

我转过头，本以为旁边的小莉也会露出惊讶的表情，她却显得异常的安静，说得更准确一点，是“死寂”。

她的孩子今年 5 岁，明年就要上小学了。

她对自己现在居住的小区配套的小学很不满意，早就想换一套学区好一点的房子，可是面对疯涨的房价，她无能为力。

她很爱自己的孩子，考虑到学业关系到孩子的未来，她很想为孩子争取一个更好的学位，在居高临下的房价面前，她的愿望像玻璃一样重重地摔下来，碎了一地。

我们身边有太多这种有心无力的父母，可是，我们真的就只剩下绝望吗？

不。

前不久，我从六神磊磊那儿看到一个金庸的故事。

金庸小时候读的是乡镇的普通小学，学位并不好。

中学时期，又遇到了抗日战争，日本的军队打到了他的家乡，最后学校只能停课。很显然，金庸并没能在学校学到多少的知识和技能。

金庸家确实没有学区房，可是他们家有三间书房。是的，三间。你家有多少间？而且这些书房并不是用来装饰的，他们全家都爱看书。

据说，金庸的父亲给他送礼物，动不动就送书。

金庸回忆说："小时候母亲和姊妹、姑嫂们喜欢读《红楼梦》，大家经常比赛背诵《红楼梦》的回目词，赢了的就得一粒糖。"

从小没有学区房的金庸，照样赢得了精彩的人生。

再和大家分享一个我身边的例子。

我有一个女学生，今年读初三，性格很开朗，气质极优雅，成绩又好，是典型的那种"别人家的孩子"。

有一天我和她妈妈交流才得知，她们家不仅有书房，而且还会把书放在家里的任何一个角落。也就是说，在他们家，随时随地都能拿起一本书来阅读。

更绝的是，他们还在各个角落准备了便签，随时能摘抄或者写下自己的读书心得。

这位妈妈原本只是事业单位的一名普通职员，后来华丽转身，成为一位珠宝设计师。

原来，不仅孩子享用到了家里的这些“优质教育资源”，连妈妈也借助它实现了人生的逆袭。

就这样，他们自己动手创造了一套全家都能受益的“学区房”。

这个例子也告诉我们另外一个道理：如果你想自己的孩子成为“别人家的孩子”，那你先得成为众人称赞的那种“别人家的父母”。

买不起学位很好的房子，孩子的未来就堪忧？

买到学位极好的学区房，孩子的未来就光明？

我看事实应该是，父母不能以身作则、做一个好榜样，孩子的未来才会堪忧；父母拿起书本，做一个终身学习者，孩子才会打心底里爱上学习。

有一句话说得好：父母自己不学习，却去挤破头买学区房，听起来很拼，但其实是一种昂贵的偷懒，他们只是在花巨款买一个心安理得而已。

别再四处苦苦寻找了，世界上最好的学区房，就是你们家的书房。

7. 孩子出现问题，该怪谁

> 为人父母就是一次自我修行，孩子是一面镜子，他们能映射出父母自身存在的问题，只有父母不断地改善自己、提升自己，才能够成就自己和孩子的美好人生。

最近看到这样一则新闻，一个妈妈带着 3 岁的小女孩去一家培训机构，参加儿童美术体验课，可是他们迟到了足足 20 分钟。当他们赶到门口时，培训机构的老师拦住了他们，老师说，里面的课已经上了一半，现在进去会影响到其他孩子的学习效果。然后呢，老师就建议他们下次再来。

这时小女孩就走到老师面前，大声说：老师，我要上课，我有钱！老师的态度很坚决，就说，有钱也不能进。小女孩一听这话，居然生气了，又再一次大声喊道：老师，我很想上，我有钱！

一个只有 3 岁的孩子，为什么会说出这样的话？今天我要向大家介绍一本书，这本书就依据大量的案例，告诉我们一个很残酷的道理：孩子的问题，都是父母的问题。

孩子刚来到世界上时，是纯洁无瑕的，没有半点尘埃。可是，为什么有的孩子长大后善良仁爱，有的却霸道自私呢？其实啊，这是因为在你身边，时刻有一双纯真无邪的眼睛默默注视着你，并且模仿你的言行举止。相信大家都看过这样一则公益广告：一个小男孩从门缝里看到自己的妈妈给祖母洗脚，等妈妈忙完之后，他也抬着一盆水来帮妈妈洗脚。

父母是孩子的第一任老师，很多父母看到孩子有坏的习惯，只知道严厉地让孩子改正，并且打骂孩子，从来没有考虑过自己是否存在问题。比如：有些父母一直无意识地在孩子面前说脏话，当孩子说脏话的时候，就一味地教训他以后不能再说脏话，可是，那又有什么用呢？

正如开始我提到的那个让老师开门的小女孩。她并不认为自己迟到是有问题的，而是觉得自己有钱可以让老师开门。通过这个行为，我们不难看出，她的父母经常在她的面前用钱来解决问题，并且让她从父母的言行中感受到，钱可以解决任何问题。

今天我们分享的这本书，书名就叫作《孩子的问题都是父母的问题》，书中的第一个重要观点就是：孩子是父母的复印件。

父母自身的价值观念和生活方式，包括一些细小的生活习惯，都会在孩子身上烙下深深的印记，会对孩子的人生，产生无比深入和全面的影响。

再和大家分享一个例子。

一位在美国留学的中国学生因为想转去日本学习，就在美国报了一个日语补习班。让他没想到的是，在这个日语补习班里居然有一位七八十岁的华裔老太太。一开始，他以为这位老夫人只是为了消磨时间、打发无聊的日子。但是没想到，这位老夫人学得异常认真，不管刮风下雨，她从不缺课，还总是带着乐趣去学习，这让班上很多年轻人都很佩服。而且，每次考试，老夫人都是第一名，班上很多年轻人经常因为缺课太多去借老夫人的笔记。

老夫人的表现让他无比感慨，后来他说：“虽然我不知道这位老太太是谁，但我相信，她一定是一位优秀的母亲，一定有一群非常棒的孩子。”他说得没错，几年之后，他赫然发现，美国历史上第一位华裔女部长，也就是美国总统小布什任命的劳工部长赵小兰，就是这位老太太所养育的优秀孩子中的其中一个!

这就是教育，正如《大学》所说："上行下效，使之为善。”“教”指的就是“上行下效”，你的所言所行都是在“教”孩子，你怎么做，孩子就会跟着怎么做。

“与其喊破嗓子，不如做出样子。”当你滔滔不绝地要求自己的孩子多读书时，你有没有想过，自己闲暇之时又在做什么呢？如果你总是一有时间就看电视或者玩手机，可同时却强迫孩子读书，孩子又怎么会服气呢？

其实啊，为人父母就是一次自我修行，孩子是一面镜子，他们能映射出父母自身存在的问题，只有父母不断地改善自己、提升自己，才能够成就自己和孩子的美好人生。

说到这里，我相信一定会有爸爸妈妈说，不对啊，你说孩子是父母的复印件，为什么有些孩子和父母差别这么大呢？你看看，有些本身是做老师的父母，他们的孩子也未必喜欢读书啊。确实如此，我们要知道，孩子的成长是受到很多因素的影响的，父母的言传身教只是其中最重要的影响因素。那还有什么重要因素，会影响到孩子的成长呢？

这本书的作者还提出了第二个重要的观点，那就是家族能量也会深刻影响孩子的成长。什么是“家族能量”？家族能量并不是指这个家族有多少财富或者权力，而是指这个家族的内部是不是和谐有序，是不是充满了积极向上的正能量。

我们中国有句老话，家和万事兴，说的就是这个道理。

作为家族系统中的一员，我们每一个人都会受到家族能量的影响和作用，而作为家族中的新生命，孩子往往是受影响最大的。比如说，有经验的人会知道，在十月怀胎的过程中，如果能保持良好的情绪，夫妻恩爱，出生的孩子就会好带，身体也会相对健康；如果父母双方不断争吵，情绪波动很大，出生后的孩子就会明显难带，也更容易生病。

可以这样说，夫妻关系的好坏对孩子的成长影响非常大。我们常说，世界上最好的家，就是爸爸爱妈妈。如果爸爸和妈妈之间相亲相爱，那么他们的孩子一定不会差到哪儿去。

我所在的学校是初中寄宿式学校，孩子周末由爸妈过来学校接回家里，我亲眼见过一些爸妈经常是一起过来接孩子的，其实孩子的行李也不多，爸爸妈妈一起过来也不是为了帮孩子提行李，他们就是享受夫妻一起去接孩子的那种幸福的感觉。当他们一家三口有说有笑地走出校门的时候，那个场景啊，真是温馨得不要不要的。

而这些经常由爸妈一起来接送的孩子，他们无一例外地，都拥有开朗的性格和积极向上的拼搏精神，他们有很多的朋友，学习也特别勤奋，最后他们都如愿地考上了理想的重点高中。这真是太奇妙了，原来夫妻之间深厚的爱情，也可以成为孩子健康成长的重要养分。

一个家族里通常有三代人，孩子的父母作为中坚力量，不仅要处理好夫妻关系，还要处理好老人和孩子之间的关系。而处理这两者关系的秘诀就是确立一种尊卑关系。孩子在家族中的地位决不能超越老人，否则后果不堪设想。

作者和我们分享了一个例子。一个周末的下午，全家人聚在一起给一个

12 岁男孩的奶奶过生日。随着敲门声响，孩子的爸爸拎着一个精美的蛋糕走了进来。孩子一看到蛋糕就吵着着要吃。爸爸却说："不行！一会儿咱们给奶奶庆祝完生日后，让奶奶切开再吃。"可让大家没想到的是，孩子一听却不干了，一把抢过蛋糕，恶狠狠地说："哼！不让我先吃，你们也别想吃！"话音刚落，那个无比精美的蛋糕就被重重地摔到了地上。在大家的一片惊愕中，奶奶泪流满面："我疼了你 12 年，宠了你 12 年，可你为什么连一天的爱也不能给我啊？"

也许，大家会责怪小男孩的任性和不懂事，可是，这能完全怪孩子吗？如果不是长辈们平日里对他百依百顺；如果不是小男孩的奶奶每次都把好吃的让给他吃，奶奶只吃他剩下的；如果不是大人们在养育孩子的过程中忽视了对序位的遵从，小男孩又怎么可能会如此不懂事呢？

如果我们父母能够用行动来教会孩子用感恩的心来孝敬老人，老人能够做到不溺爱孩子，那么整个家族就会充满正能量，孩子也会因此走上身心健康的成长道路。

好了。说了这么多，我们来总结一下。第一，很多时候，孩子就是父母的复印件，为人父母，一定要成为孩子的好榜样。第二，作为家族的中坚力量，孩子的父母既要维持一种亲密的夫妻关系，也要用行动来引导孩子孝敬老人。

新中式父母

第二章

全球的视野

你应该知道这些藏在学校里的真相

暗潮汹涌的教育界，正在发生什么

美国华裔“虎妈”身后的西方教育

人类学家眼中的育儿战争

这个时代需要什么样的能力

未来需要怎样的人才

未来学校的模样

1. 你应该知道这些藏在学校里的真相

> 要相信，世界一定会变得越来越好，我们的学校教育也一定会不断改善，它的动作之所以显得这么迟缓，是因为教育系统它的体形实在是太庞大太臃肿了。

最近我看了一部非常精彩的家庭情景剧——《小别离》。这部电视剧讲述的是三个家庭面对孩子参加中考、留学和青春期的故事。

和其他的偶像剧、肥皂剧非常不同，这部剧非常的写实，基本上每一个剧情、每一个场景，我们都能从自己的身边找到。一个个我们熟悉的场景，引发了我很多的思考。

看着电视剧中的一个妈妈，从一开始对孩子的学业和成长极度焦虑，到后面非常艰辛地一步步逐渐摆脱焦虑然后找到自我，我强烈感受到为人父母真的非常不容易。

当今很多父母，他们不是不希望自己的孩子轻松愉快地学习和成长，而是当他们看到别人家的孩子的时候，当他们看到别人的眼光的时候，就不由自主地对孩子严厉起来。一旦看到自己的孩子落后于别人，就会陷入焦虑之中。

如果一个人长期处于焦虑之中，那么他所作出的决策很可能是不理性的。今天我们不妨搞清楚一个问题：我们现在对于孩子在学习和成长这个问题上，所作出的决策是不是真的足够理性?

我们通常说，想要变得更加理性，就要看到更多的真相。接下来我想和大家谈谈当今教育界的一些真相，也许这些真相有一些残酷，但是我们不能逃避、不能“讳疾忌医”，直面这些残酷的真相，然后寻求解决方案，才是正确的做法。

我们的孩子并没有接受真正的教育

著名心理咨询师武志红曾经非常犀利地指出，很多学校所说的“一切为了孩子”，其实是一个天大的谎言。

他为什么会这么认为呢?一件事情给他带来了很大的触动。有一天，他的一位在教育部门的朋友对他坦言：学校教育体系的实质，其实是某个官员想要有政绩，而目前政绩的主要评判标准是升学率。

这个政绩的压力先传递到校长那里，再传递到各级组长那里，而后传递到班主任和科任老师那里，最后传递到学生那里。

更要命的是，你要政绩，我也要政绩，而升学率的蛋糕是固定的，于是压力不断升级，而最后承受这些压力的，还是孩子。

武志红这位朋友的话，一针见血。在这种教育制度之下，孩子不是在为自己而学，而是在为老师、为校长、为教育部的官员而学习。

孩子在学习的苦海里挣扎，每天做一大堆的作业和试卷，反反复复地进行机械的应试训练，为的就是“升学率”这个苍白的数字。孩子接受的不是真正的教育，他们只是在被学校培养成一台考试机器。

教育不是灌满一桶水，而是点燃一把火。可是，孩子求知的火焰正在被一堆堆试卷浇灭。

这是第一个真相，是的，我们的孩子并没有在接受真正意义上的教育。

“斯德哥尔摩症候群”掩盖了教师的罪行

第二个真相和“校园霸凌”有关。

今年，“校园霸凌”这个话题引起了社会的热议，就在很多家长都很担心自己的孩子在学校会不会被那些坏学生欺负的时候，近几天广州又曝出一则新闻：水荫路小学的一位老师不准学生下课后随便上厕所。

这位老师竟然擅用权力，随意剥夺学生最基本的生理需求，这难道不属于校园霸凌吗？顺着这则新闻深入了解，我发现了一个惊人的现象：最普遍的校园霸凌，不是某些学生欺负另一些学生，而是学校里的老师利用权力来压迫学生。

“严师出高徒”，这个道理也不算错，可是有些老师的作风早已超越了“严师”的界限，他们不是“严格”，而是“严苛”。动不动就惩罚，动不动就以各种理由来威胁恐吓学生，这难道不属于校园霸凌吗？

那些所谓的“严师”真的是为了孩子好吗？还是为了内心当中的那个“一分三率”？

为什么这种残忍的手段至今依然普遍存在？是学生们有苦不能言说，才导致了这种现象得不到遏止吗？我想起了一个非常著名的心理效应“斯德哥尔摩症候群”。

“斯德哥尔摩症候群”这个学术名词起源于一次偶然事件。1973年，两名有前科的罪犯在斯德哥尔摩这个地方抢劫银行失败后，挟持了四位银行职员，他们和警察僵持了整整五天之后，最终还是被逮捕了。

然而奇怪的是，那几个从罪犯手中解救出来的银行职员竟然对绑架他们的人显露出怜悯甚至是感激的情感。更夸张的是，人质中的一名女职员竟然还爱上了劫匪。

后来专家顺着这类事件深入去研究，结果得出了一个非常震惊的结论：社会上普遍存在一种屈服于暴虐的弱点，这种心理效应后来就被命名为“斯德哥尔摩症候群”。

校园中也同样存在着这样的心理效应。老师用强权来逼迫学生不断地做题，用各种惩罚手段来胁迫学生遵守各项纪律，然后学生考出了一个好成绩，最后所有的怨气全部都化作了感激。

而这些内心怀有感激之情的青少年，他们的人格与尊严却是伤痕累累。

中小学课程体系发展滞后，与时代脱节

更残酷的现实是，就算孩子在受尽苦头之后，考到一个好成绩，也并不意味着孩子会拥有一个很好的未来。

接下来，我要说说第三个真相：现在我们的中小学课程体系的发展是严重滞后的，学生辛辛苦苦建立起来的知识体系已经和这个时代脱节了。说得更直白一点，也就是孩子们现在所学的知识并不利于他们去适应以后的社会。

现在是什么时代？是人人都用智能手机的时代，是家家都拉网线的时代，是人工智能开始取代人类很多工作的时代。世界正在从互联网时代过渡到智能时代，工业时代已经渐行渐远。

如果细心留意时下关于科技的新闻，我们就会轻易地发现，在不远的将

来，将会有大量的工作会被机器取代。最近美国斯坦福大学的一位教授做了一个调查，调查之后得出来的结论非常惊人：美国的七百多种职业当中，将会有47%的职业会被人工智能取代，而中国的情况更糟糕——将会有超过70%的职业会被人工智能取代。

然而，很遗憾的是，我们现在的教育还只是在培养孩子们怎么去适应那个逐渐远去的工业时代。

我们不妨设想，当我们的孩子耗尽青春最好的年华，换来一纸文凭，走上社会之后却发现，这个社会并不需要他，这难道不是一场极大的悲剧吗？

未来的社会需要什么样的人才？其实这个问题，我们可以换一种问法：什么样的人才，不会被人工智能取代？这三种人不会轻易被取代：善于控制人工智能的人，有领导力的人，有创造力的人。

当今我们的学校教育能培养出这样的人才吗？很难。

每个星期的信息技术课都只有少得可怜的一节或者两节，更可悲的是，这些课还经常被其他科目霸占。我们的学生在学校里通常只能做一个唯唯诺诺的人，一切的校园活动都被安排得细致妥当，请问如何培养领导力？我们的孩子每天都埋头做试卷，请问如何培养创造力？

做理性且乐观的家长，敢让孩子做自己

听到这里，也许有人内心已经充满了负能量，也许有人脑袋里充满了疑惑。我们必须明白一点，这个世界既有黑夜，也有白天，它有阴暗，也会有光明。

要相信，世界一定会变得越来越好，我们的学校教育也一定会不断改善，

它的动作之所以显得这么迟缓，是因为教育系统它的体形实在是太庞大太臃肿了。

现在摆在我们面前的，是一个巨大的难题：在学校教育华丽转身之前，我们做父母的该怎么办，孩子又该怎么办？对于这个问题，我一定会尽我所能为大家找到更好的答案。今后也一定会和大家一起详细分享。

如果你迫切地想要知道答案，那就不妨看一看少年商学院出品的一本关于家庭教育的好书《敢让孩子做自己》，也许你能从中找到很多充满智慧的答案。

2. 暗潮汹涌的教育界，正在发生什么

> 不管时代如何变幻，无论技术多么先进，我们的孩子永恒不变的需求，一定还是“有温度的教育”。

2017 年底，我到北京参加了一场为期三天的全球教育科技大会，大会上大咖云集，思维的火花璀璨耀眼，虽然没能听完上百场讲座，但足以使我深受震撼。

在参加这次大会之前，我一直都有一种错觉，总以为当下的教育正处于“风平浪静”的状态，没想到实际上却是“暗潮汹涌”。今天，和大家分享我的所学所悟。

别用过去的思维来培养未来的人才

有不少家长曾经对我说，他们越来越难以理解自己的孩子。比如，每当看到那些日新月异、层出不穷的网络新名词，他们就会觉得自己无法走入孩子的世界。

“狗带”“抖 M”“二次元”“社会社会”“皮皮虾我们走”，这些让父母一头雾水的新名词，似乎变成了横跨在亲子之间的文化鸿沟。

历史上没有哪一个时期像今天这样，社会的变化速度如此之快。一转眼，

高楼大厦遮天蔽日，一觉醒来，网络上又涌现了一批新名词。

如果你觉得过去三十多年里，这个世界变化的速度已经很快的话，那未来三十多年的变化速度，一定会超乎你的想象。

麦肯锡全球研究院经过大量数据的研究后，得出了一个惊人的观点：人工智能带来的社会转变比工业革命发生的速度快 10 倍，规模大 300 倍，影响几乎大 3000 倍。

就在今年，我们心目中的文科生杨澜，出了一本书《人工智能真的来了》。是的，人工智能时代到来了，这是一个全新的时代。

我们的孩子成长于极速发展的新时代，而成长停滞的父母，会越来越难理解孩子的世界。

更可怕的是，停留在旧世界的父母，他们拥有孩子的教育决策权，他们的选择，决定了自己的孩子将接受怎样的教育。

而当今教育，则面临着一个尴尬的问题：有不少教育者仍在用过去的思维培养未来的人才。

有的父母常常劝孩子“好好读书，将来找一份好工作”，说这话的父母，他们没有意识到：未来的世界，不缺工人，缺的是“主人”。

人工智能将会不断地取代各种各样的工作，如果学习是以找工作为目的，最后很可能只会成为一个不被社会需要的人。

当代的父母，应该引导孩子以改善世界，甚至是改变世界作为自己的学习目的。抱有这种目标的孩子，才能激发自己的领导力和创造力，而这两种能力才是人工智能难以取代的能力。

父母的决策，深刻影响着孩子的未来。决策的背后，是父母的视野、格局和思维方式。

走出旧世界，拥抱新世界，这才是新时代父母的正确姿势。

人工智能为个性化教学赋予巨大能量

长久以来，教育界都存在着这样一对基本矛盾：持续增长的个性化需求和日益稀缺的师资之间的矛盾。

个性化教学，一直是教育界不懈追逐的理想，早在几千年前，孔子就提出要“因材施教”。实际上，在几千年前的孔子的私塾里、柏拉图的雅典学园里，他们早就做到了个性化教学。为什么后来却越来越难做到了呢？

根本原因是，人越来越多了。因材施教的前提是，要了解学生的具体情况，这是要花时间的，人太多的话，时间就不够用了。

今天，有了人工智能，在大数据的驱动下，我们了解一个学生的效率比以往都要高得多，而且人工智能技术还可以为我们的决策提出非常精准的建议。

比如，我们今后只需要让学生做少量的测试题，人工智能就可以帮我们迅速地判断出这位学生在某个学科上存在的问题和改进的途径。过去我们需要花好几个小时才可以做到的事情，不久之后，只需要几分钟就可以搞定。

更令人叹服的是，好未来公司研发的“魔镜”系统，这个系统可以记录课堂上所有学生的表情和动作，通过分析，它可以告诉我们每一位学生对每一个知识点到底有没有听懂。

在大会上，我们还看到科大讯飞公司的人工智能系统已经具备了比专业教师还要强大的改卷能力。

简而言之，人工智能正在渗透教与学的每一个环节，其越来越精准的判断和建议，将会给教育带来巨大的便利。

直播 + 双师课堂，破解教育均衡难题

从去年开始，直播变得异常热门，在我们的印象中，直播总是和网红主播联系起来。

如今，一个个网红主播销声匿迹，沉寂过后，直播成了教育的利器。

在以前，如果我们想要为孩子找个一对一的英语外教，成本是非常高的，而且很多时候就算你有钱，你也找不到一个满意的外教。

现在，只要打开电脑或者 iPad，全球各地的优秀外教随时为你候命。让我印象最深刻的是 VIPKID，他们在北美地区招募了 20 万符合资质的口语外教，为我们中国的儿童提供了 24 小时不间断的在线一对一服务。

我们还欣喜地看到，有一些偏僻的山村学校，也能通过直播享受到这种跨越大洋的优质教育资源，他们终于拥有了每周一节纯正的口语课。

直播，让更多优质教育资源走进了普通民众的家里和偏远的地区。

让直播课堂变得更强大的，是双师课堂。双师课堂，就是线上教师和线下教师联手教学的课堂。名师提供线上直播，线下教师辅助教学，这意味着那些非常优秀的教师，终于可以突破空间的限制，为无限的学生提供最优质的教育。

这也意味着，不管是二线三线，还是四线五线城市，都可以享受到全国甚至是全球优质的教育资源。

就这样，直播 + 双师课堂，成为了解决教育资源分配不均衡这个难题的一剂良方。

让学习变得快乐，成为主流追求

在大会上，来自北京大学教育学院的院长、北京师范大学的教授、中央电化教育馆的研究员，还有众多的教育培训机构，他们都在不约而同地倡导“游戏化学习”。

提到“游戏”这个词，有不少父母会产生一种抵触的情绪。在他们的印象中，“游戏”代表着轻浮和玩物丧志。

今天，这种印象要发生改变了。北京师范大学统计了近四十年来《人民日报》对游戏的所有相关报道，他们发现，《人民日报》对游戏的负面报道越来越少，而正面的报道越来越多了。

这不仅是中国范围内的转变，也是全球性的转变，就在今年，《游戏改变世界》和《游戏改变教育》这两本书就引起了很大的关注。

其实，倡导游戏化学习，并不等同于支持孩子去玩游戏。我们真正要做的，是将“游戏思维”融入学习当中。

这有什么意义？

很多家长都在为一个共同的难题而困扰不已，那就是自己的孩子沉迷于电子游戏。当孩子沉迷于虚拟世界的时候，我们是不是应该反思，我们有没有在现实世界中为孩子提供足够的乐趣？

将游戏思维融入学习，可以解决这个问题。

如果孩子在现实的学习中就能够充分地体验到愉悦感，那他们还需要流窜到虚拟的游戏世界里寻求一丝安慰吗？学生觉得学习辛苦，很多时候是因为他们在接受填鸭式的教学，而领导力、创造力和想象力，都难以通过填鸭式教学培养出来。

真正的教育不是灌满一桶水，而是点燃一把火。游戏化学习，就是那团火。

教育革命暗潮汹涌，我们携手共创未来

篇幅有限，只能先和大家分享这么多。

快速变化的时代，“学习”成为贯穿我们一生的主旋律。正如清华大学的聂风华说言：老师好好学习，学生才能天天向上。

同理，父母好好学习，孩子才能天天向上。

当然，不管时代如何变幻，无论技术多么先进，我们的孩子永恒不变的需求，一定还是“有温度的教育”。

桦语文会继续努力，让更好的教育来得更快。

3. 美国华裔“虎妈”身后的西方教育

> 在崇尚自由的美国，你可以选择宽松的教育，但同时你也必须接受一个残酷的现实：宽松教育通常是留给那些下层民众的。

七年前，《虎妈战歌》引发了全球范围的激烈争论。

作者蔡美儿是一位居住在美国的华裔妈妈，在这本书里，她介绍了自己严厉苛刻的育儿经。面对自己的两个女儿，她制定了一系列清规戒律，比如不能经常看电视或者玩电脑游戏、不能参加玩伴聚会、不能选择自己喜欢的课外活动，同时还提出了一堆的要求，比如任何一门功课的学习成绩都不能低于 A、必须每天都练习钢琴或小提琴。

在崇尚自由的美国，很多人都难以接受这种看上去非常专制的教育方式，当年就有美国媒体预测，这位虎妈的两个女儿将会成为“没朋友、机器人、神经病、有自杀倾向”的少年。虎妈还一度以负面形象登上了美国《时代》周刊的封面。

如今，七年过去了，蔡美儿的两个女儿都已长大成人，那她们的现状如何呢？ 25 岁的大女儿早已从哈佛大学毕业，后来还考入耶鲁大学继续攻读研究生，22 岁的小女儿即将从哈佛大学毕业。她们不仅成绩优异，还常常洋溢着自信的笑容。

这一次，美国媒体的预测，完全错了。但是，这并不意味着严苛的教育方式适合每一位父母。

有的父母一看到成功的教育案例，就迫不及待地去效仿，这样做，其实这很可能会“画虎不成反类犬”。

在评判这位虎妈的教育方式前，我们不妨先看看虎妈自身的经历：1987年毕业于哈佛大学法学院，获博士学位，曾在杜克大学、哥伦比亚大学、纽约大学及斯坦福大学任教，现在是耶鲁法学院终身教授。再看看今年已经56岁的虎妈，她那匀称的体态，你就不难发现，她其实也是一个对自己要求非常高、极度严于律己的人。

虎妈蔡美儿的严厉教育，成功的关键不在于她对孩子的管教有多么苛刻，而在于她坚持了以身作则。一个优秀的典范就站在自己的眼前，作为孩子，怎能不心服口服？

因此，我们可以这样说，严苛的管教方式并不适合所有父母使用，那些本身对自己严格的优秀父母，才有资格对孩子如此严格。

如果你看到美国媒体批判蔡美儿，就以为美国媒体在反对虎妈的严厉教育，那就错了。实际上，他们批判的不是“严厉”，而是“专制”，他们谴责的是虎妈不给孩子选择的自由。

简而言之，虽然美国社会反对专制的教育，但是他们并不反对严厉的教育。

美国记者爱德华·休姆斯，花了一个学年的时间来近距离观察美国惠特尼高中，最后他将自己的所见所闻写成了一本书——《梦想的学校》。当中提到，在惠特尼高中，“4是有魔力的数字”：这所高中的学生为了得到最高的平均成绩4.0，他们一天只睡4个小时，喝下4大杯咖啡，为的就是能够熬过一整夜。

我们再看另外一个案例。2010年，一个名叫田田的华裔女孩进入了美国的斯卡斯代尔中学高中部。为了完成老师布置的作业，她不得不花整整三天的时间完成一份 17 页纸的小论文。她还曾经目睹一位同学自信满满地写了一篇很长的论文，却被老师批评说“没有自己的观点，仅仅是材料的堆砌！”

长期以来，我们不少人对西方的教育存在着误解，总以为西方的教育是宽松的。如今，随着越来越多中国孩子走出国门，去亲身体验西方的教育，这才猛然感受到西方学校对学业有着严格的要求。

记得曾经有一位留学归来的学生和我分享他的感想，他说：突如其来的自由，就好像一笔巨款从天而降，让你欢喜，同时又让你不知所措，后来慢慢发现，自由的代价是沉重的学业负担。

当然，在崇尚自由的美国，你可以选择宽松的教育，但同时你也必须接受一个残酷的现实：宽松教育通常是留给那些下层民众的。

正如世界华人周刊作者朗博指出的那样，西方教育实际上通过一个宽松的过程，偷偷完成了社会分层。

像美国、英国这样的西方国家，下午很早就放学，处于社会中上层的家长，会送他们的孩子去参加各式各样的兴趣班。之所以这么折腾，无非是为了填满申请书上名牌大学极为看重的“个人特长”那一栏。课外学习，也是名牌大学眼中的学业要求。

处于社会下层的家长，由于难以支付昂贵的兴趣班培训费，就只能无奈地选择宽松教育。缺乏个人特长的孩子，也只能对着名牌大学望洋兴叹了。

综上所述，在西方媒体对虎妈蔡美儿的讨伐声中，我们要看清背后的真相：西方国家崇尚自由，同时，对学业的要求也是非常严格的。

毕竟，无论在东方还是西方，都没有人能随随便便成功。

4. 人类学家眼中的育儿战争

> 假如生活让你焦头烂额，不妨尝试着从旁观者的角度来仔细分析自己的生活。想象一下，你的生活被拍成了一部电视剧，先不管它是狗血剧还是虐心剧，你认真地看了，看着看着，你就会发现，噢，原来我的生活如此荒诞。然后，你就这样找到了问题的症结。再然后，你才能找到改变的方向。

有这样一群妈妈，她们坐拥首都优质教育资源，目标是把孩子送上北大、清华。还有一群比她们更硬核的妈妈从不把北大清华放在眼里，她们的目标是像牛津、哈佛这样的世界级名校。

如果你觉得她们的段位已经登峰造极，那就太天真了，这世界上，还有一小群人，她们会抚摸着自己精致的指甲，漫不经心地告诉你：常青藤从来不是我的人生目标，它只是我的家族传统。

而这群人，就是居住在美国纽约顶级富豪聚居地——曼哈顿上东区的妈妈们。

坦白说，我也很好奇，那群坐在世界财富塔尖上的贵妇们，到底过着怎样的生活。于是，我翻开了这本书——《我是个妈妈，我需要铂金包》。

铂金包？对于平时拿着透明塑料袋去买菜的我来说，这东西非常陌生，于是我去百度了一下，不查不知道，一查吓一跳。这个铂金包，原来就是爱马仕旗下的高端系列包包，大家看到的这一款铂金包，其实也不算很贵，大概也就两三百万人民币“而已”。

作者到底是个什么样的神仙妈妈，竟然需要一个如此奢华的包包？这位作者确实不简单，她是一位毕业于耶鲁大学的博士，嫁给了一位非常富有的纽约人，为了让孩子接受更好的教育，他们卖掉了纽约的别墅，搬到顶级富豪聚居的曼哈顿上东区。

他们从此过上了幸福的生活吗？并没有，噩梦才刚刚开始。

噩梦其实从买房那一刻就已经开始了。他们在寸土寸金的上东区，好不容易找到一间买得起的老旧破烂的小公寓，在买之前竟然还要接受住户委员会的审查和面试。他们要写详细的申请书，内容包括自己在哪里念过书、考试成绩如何，还有信用卡的号码等。

住进上东区后，第二场噩梦开始了。为了给两岁多的儿子抢托儿所的学位，他们要写一篇作文。托儿所要求他们说明自家宝宝的特殊专长、他的优缺点，以及他是哪一种类型的学习者。两岁的宝宝？特殊专长？学习类型？博士毕业的妈妈，被这道题难倒了，随后几天，她只能不断用头敲墙，以求想出还算得体的答案。

儿子进入托儿所之后，第三场噩梦接踵而至。没有小朋友和她儿子玩，更准确地说，是他们母子俩都被孤立了。后来，作者才渐渐发现，世界上最危机四伏、龙争虎斗的地方，就是曼哈顿私立贵族学校早上和下午的家长接送区。一个个盛装出席、花枝招展的妈妈，聚在一起争奇斗艳。曼哈顿是个阶层分明的地方，你所拥有的东西，是在告诉别人你属于哪个阶层。作者着装朴素，在曼哈顿妈妈眼里，她就是一个不值得接近的贫民窟大妈。

第四场噩梦也要马上降临了。

一天，作者被人撞了。在宽阔的上东区街道上，一位陌生的贵妇，看似无意实则有意地用手上的名贵包包撞了她一下，然后带着得意洋洋的笑，头也不回地走了。

看着凶手傲娇的背影，作者的头上有上万个问号在盘旋，一个女博士的求知欲被激发了。她决定好好研究一下这群居住在上东区的女性。

为了潜入研究对象的群体，她开始效仿上东区妈妈的行为。比如，买一个铂金包。果然，手提铂金包的她，就像拿到了上东区贵妇生活圈的通行证，不仅收获了朋友，还得到了她们某种非常独特又扭曲的敬意，那种敬意的别名叫作“羡慕”。

这时，作者才猛然领悟到，上东区的游戏规则就是，你得让别的女人羡慕。这也意味着，在上东区，没有低调这回事，你花了无数个小时锻炼出来的苗条身材，必须搭配高级服饰，以及浓妆艳抹的脸庞。毕竟，对于上东区女人而言，丢脸等于丢掉了灵魂。这种生活，真的太难了。

这群野心勃勃的贵妇的另一面，是极端的焦虑，她们承受着不能踏错一步的巨大压力，必须当完美的母亲、完美的社交对象、拥有完美的身材，还要时刻提防丈夫出轨。如影随形的焦虑，让她们的精神濒临崩溃，要吃很多抗焦虑药。看到这里，我终于明白她们的脾气为什么这么臭了。

我向你介绍这本书，不是为了告诉你富豪们过得有多苦，而是提醒家长朋友们，要学会用更多的角度来看待自己的生活。

假如生活让你焦头烂额，不妨尝试着从旁观者的角度来仔细分析自己的生活。想象一下，你的生活被拍成了一部电视剧，先不管它是狗血剧还是虐心剧，你认真地看了，看着看着，你就会发现，噢，原来我的生活如此荒诞。然后，你就这样找到了问题的症结。再然后，你才能找到改变的方向。

这本书的作者就是这样，她用人类学家和动物学家的视角来审视自己在上东区的生活，让自己摆脱了无尽的欲望和焦虑。

最后，她潇洒地扔掉铂金包，离开了上东区。

5. 这个时代需要什么样的能力

> 如果不想被时代淘汰，就必须要拥抱新技术，即便我们不是新技术的发明者或改进者，我们也可以做一个新技术的使用者。除了拥抱新技术，生活在这个时代的人，我们应该拥有哪些能力呢？

我的身边有一位很有未来感的历史老师，他作为一位历史老师，不好好研究过去的事，反倒老是把目光投向未来。耳濡目染，我也受了一些影响。今天，我也来和大家聊一聊关于未来的事情。

这是一个什么时代

自从我们人类的顶级围棋大师李世石被谷歌公司研发的人工智能程序 AlphaGo 打败之后，我们就算是正式进入了机器智能时代。

我们人类社会从出现到现在，大概是经历了这样的一个历程：一开始是依靠打猎和采摘野果生存的游牧时代，然后是靠饲养家禽家畜和种植庄稼生存的农耕时代，然后是借助机械大规模生产的工业时代，再往后就是我们曾经以及现在仍置身其中的互联网时代，如今我们竟在不知不觉中踏入了机器智能时代。

以上观点当然不是我这个语文老师的突发奇想，这其实是《智能时代》作者吴军博士的观点。吴军老师是一位非常杰出的科学家，他还在这本书中提出了自己的忧虑：人工智能像一把利剑，把人类社会劈开两半，其中一半是2%的人能够进入社会的高层，而剩下的98%的人都可能陷入或迟或早被人工智能替代的担忧。

要知道，现在很多行业都在筹划着使用机器来替代人类。富士康就是很典型的例子，他们正在准备使用机器人来替代数百万的工人，这样一来，估计我们再也不会听到富士康工人跳楼的新闻了，因为他们将会炒掉几乎所有的工人。在这条路上，美国的特斯拉电动跑车公司已经走在了前头，他们早已实现了全机器生产，在他们的生产车间里面，基本见不到人类的踪影。汽车行业曾经养活了多少工人的家庭啊！上千万呐！如今竟然出现了一家从不雇用生产工人的汽车生产企业。

就算是曾经风光无限的律师和医生也很难幸免。位于硅谷的Blackstone Discover（黑石发现）发明了一种处理法律文件的软件，使得律师的效率可以提高500倍，而打官司的成本可以下降99%，这意味着未来将有大量的律师可能会失业。今天最著名的做手术的机器人就是“达·芬奇手术系统”，这个手术系统的灵活性远远超过人类，不仅手术的创口特别小，而且能够实施一些人类医生很难完成的手术。你说，以后还需要这么多做手术的医生吗？

如果你觉得当今的中国贫富差距越来越大，那我可以告诉你，你的感觉是对的。实际上，这并不是中国独有的现象，这是全球的普遍现象。吴军博士指出了一个历史规律：新技术在出现的初期，受益者是非常少的，他们通常只是那些掌握新技术或者使用新技术、从事新行业的人。我们正处于新技术出现的初期，而那些浑然不知的人，在不知不觉中早已被远远抛诸身后，于是贫富的差距就拉大了。

如果不想被时代淘汰，就必须要拥抱新技术，即便我们不是新技术的发明者或改进者，我们也可以做一个新技术的使用者。除了拥抱新技术，生活在这个时代的人，我们应该拥有哪些能力呢？

协作的能力

几天前，有幸参加了北京大学国家发展研究院组织的“美国积木式创新考察团分享会”。这次分享会的主题“积木式创新”是什么东西？举个例子感受一下。

美国有一家私人航天飞机公司，公司的全体成员竟然只有几十人，他们是怎么做到的？其实很简单，他们的主要任务是进行科学研究，找出最合理的制造方式。然后，他们去找各个零件的顶级供应商，比如要最好的推进器就找A公司、要最好的控制台就找B公司、要最好的机体材质就找C公司。这样一来，这家航天飞机公司就不再需要另外成立一个个负责生产不同零件的部门了，他们只需要将其他公司提供的现成的优质零部件组合起来就可以了。

简而言之，积木式创新的过程就是利用现成优质资源进行优化组合的过程。这个情景就好像有一块块的乐高积木摆在我们面前，我们可以发挥自己的想象力去拼出各种形状。如何才能组合得游刃有余？那就是需要强大的协作的能力，将不同领域的优质资源紧紧地组合在一起。

深度钻研的能力

“积木式创新”这个理念其实也提醒了我们，这个时代不需要全才，更需要的是在某个领域有专长的人。

上个月我参加了吴晓波的书友见面会。吴晓波是一位财经作家和企业家，《激荡三十年》《跌荡一百年》《浩荡两千年》就是他写的。吴晓波老师和我们分享了一次名为“这个时代的困顿与美好”的讲座，期间他就提到了，在这个急剧变化的时代中，安身立命的资本就是专业能力。这和我们国家正在倡导的“工匠精神”不谋而合。

吴晓波老师说，就算是卖咸鱼，只要做到专业化、做到极致、做到最好，让别人一提起咸鱼就想到你，也是一条很好的生存之道。那么，如何在某个领域做到领头羊的地位呢？这必须要有深度钻研的能力。锁定一个领域，一头扎进去，不断地朝着极致发展。

如果在未来的某一天，有人提起语文老师的时候能想起我，我一定会非常开心。

6. 未来需要怎样的人才

> 我们不奢求世界上出现更多像马斯克这样的人物，但是我们希望有更多的人加入马斯克的行列，专注地学习更多的知识和技能，怀着为人类造福的梦想，坚韧地走下去。

作为一名语文老师，有不少家长和学生曾经问过我这样一个问题：老师，有没有什么好书推荐呀？坦白说，我很喜欢回答这个问题。

原因很简单，因为我很喜欢读书，我家里的图书堆积如山，每当遇到一本好书的时候，我就会产生一种分享的欲望，很想和别人一起分享这本好书。

如果你要我在所有看过的书籍当中，推荐一本最好的给现在的年轻人，我会打心底里非常诚恳地推荐这一本——《特斯拉之父》。

书名中的“特斯拉”指的是什么呢？指的是当今在电动跑车领域里一马当先的特斯拉公司。而“特斯拉之父”就是特斯拉公司的 CEO 埃隆·马斯克。马斯克是一个非常了不起的人物。有不少人将他和苹果公司的前任 CEO 乔布斯进行比较，说他是汽车界的乔布斯。我认为这个评价还不足以彰显他的伟大。

在我看来，马斯克对人类做出的贡献远远超过了乔布斯。如果说乔布斯重新定义了电脑和手机，而马斯克，则重新定义了电动跑车、清洁能源、运载火箭和高速列车。

电动跑车、清洁能源、运载火箭、高速列车，马斯克正在利用这些高端技术一步步地改变世界。而他最终的目标，是带领人类移居火星。是的，移居火星，你没有听错。

这个目标听起来，真的是太遥不可及了，而马斯克说，他要在火星上退休。马斯克今年多少岁？ 47 岁。他说他要在火星上退休，这不是“口出狂言”吗，就算不是口出狂言，那也应该是“痴人说梦”吧。先别急着下定论。

说得好听，很容易；做得出色，却很难。我们来看看马斯克做得怎么样。

和大家分享一下和马斯克有关的最新的一则新闻。这则新闻发生在这个月的 22 号，说的是马斯克创办的太空探索技术公司（SpaceX）成功地发射了一枚运载火箭，将 11 颗卫星放置到指定位置之后，又成功地返回了地面。

你知道这意味着什么吗？这意味着现在去太空旅游的费用可以打一折了。这可不是说笑的。火箭完成发射并成功回收，这是人类历史上首次实现一级火箭绕太空飞行后成功回收，这在人类航天史上具有划时代的意义。这项技术的实现意味着航天器的发射成本被压缩到了原来的 1%~10%。

在这之前，发射一次火箭的成本通常都要几千万美元，而现在，由于火箭可以回收并且重复使用，成本是 20 万美元左右。

我们不妨想象一个类似的情景：之前我们去往欧洲的机票要几千块钱一张，突然间，有一家航空公司对你说，他们只需要 20 块钱就可以带你飞到欧洲。你会不会觉得欧洲与你的距离在一瞬之间拉近了很多？

太空航行的成本极大地降低之后，我们拉近了人类和外太空的距离，人类探索太空的脚步必然会加速前进。

如此看来，你还觉得马斯克是在“痴人说梦”“口出狂言”吗？

虽然马斯克的梦想是带领人类移居火星，但是这并不代表他要放弃地球。为了这个地球，马斯克也是操碎了心。此话怎讲？马斯克有多重的身份，他既是太空探索技术公司的 CEO，同时还是特斯拉公司和太阳城公司的 CEO。

特斯拉公司是一家设计和生产纯电动跑车的公司，这家公司现在已经能够大量生产出性能卓越的纯电动跑车，据说它的速度可以比保时捷还快，充电一次可以行驶 480 公里。

既然是纯电动跑车，肯定会面临充电的问题，如果不能方便快捷地充电，那也是白搭，而他的另一家公司就可以解决这个问题。太阳城公司是一家非常善于利用太阳能的企业，它正在全球范围内设置大量的“超级充电站”，特斯拉跑车可以在这些充电站里快速地充电，而且还是终身免费的。

如今，在美国的一些地区，特斯拉汽车已经流行开来。

假如这种使用清洁能源的跑车最终能替代使用石油能源的汽车，在全世界范围普及的话，大气污染的问题将会得到非常大的改善，到那个时候，空气会更加清新、天空会更加蔚蓝，地球的生活会变得更加美好。

不知道你发现了没有，马斯克所主持的每一项事业，都是划时代的，也都是和人类未来的命运息息相关的。而这样一位卓越的、伟大的人物，他不是已经成为过去的历史人物，而是和我们生活在同一个时代的鲜活的人。

或许在你低头看着手机的这个时刻，世界另一头的马斯克正在为他的伟大事业而奔忙。

我们不奢求世界上出现更多像马斯克这样的人物，但是我们希望有更多的人加入马斯克的行列，专注地学习更多的知识和技能，怀着为人类造福的梦想，坚韧地走下去。

说了这么多，回到我向大家推荐的这一本书——《特斯拉之父》。与其说我是在推荐一本书，倒不如说我是在推荐一个人和一种时代的精神。我认为现在的每一位年轻人都应该去了解马斯克。在了解马斯克的过程中，我们会接受到一次精神的洗礼。在这个瞬息万变的时代，需要怎样的人才，我们要坚守怎样的理想与精神，这本书会给我们一个很中肯的答案。

7. 未来学校的模样

> 不可否认，现代学校是伟大的发明，毕竟它把过去只为少数人享有的教育变成了大部分人能够享有的普及性教育，提升了全社会的文化素养。但是，同时它也具有非常明显的时代局限性。

之前有一段时间，国内外的疫情持续蔓延，世界各国的学校纷纷停课，把课堂转移到了线上。于是，全球的孩子们，就这样同呼吸共命运，一起上起了网课。

孩子在家上网课，最大的考验是什么？是家里的网速吗？不是，是爹妈的心理承受能力。考验了中国家长两个月的网课，如今也降临到国外父母的身上。那么，他们经受住这个考验了吗？

以目前的情况来看，形势并不乐观。比如，最近有一位以色列妈妈，就用镜头记录下了孩子在家上网课时，自己的惨痛经历。在镜头前，这位以色列妈妈似乎有一肚子的苦水：

“这才刚刚第二天啊，手机上就有无数条未读消息。”

“儿子的音乐老师今天早上给我发了乐谱，我要乐谱干吗？我又不懂音乐！”

“这边是科学，那边是数学，我怎么可能懂这么多？现在娃儿们都知道他们的爹妈有多笨了。这是不行的！真的！”

最后，她发出了一声长长的哀叹："新冠病毒没要我命，网课先要我命了！"

原来，不仅疫情无国界，连网课对老母亲的考验也是无国界的。而此时此刻，似乎全世界的父母们都怀揣着同一个梦想，那就是希望疫情赶快结束，然后把孩子扔回学校里上课。

说到这里，不知道你有没有意识到一个问题——原来，现在我们的教育是如此的依赖学校。难道依赖学校也有错吗？对于这个问题，我想借这本书来回答。

最近我读了一本让我脑洞大开的好书，这本书的书名叫《未来学校》，作者是中国教育政策研究院的副院长朱永新教授。这位朱永新教授，早在20年前就发起了新教育实验，一直致力于探索适应新时代需求的人才培养模式，为此，他发表过600多篇论文、40多部著作，可以说，他就相当于我们中国教育的探路者。

那么，经过20年的探索之后，朱永新教授探出了一条怎样的教育之路呢？我们一起来看看他的最新著作《未来学校》。

作者并没有一开始就给我们描述未来学校的样子，而是先和我们介绍了当今学校的起源。

我们现在的学校是什么样的呢？学生待在固定的班级里，由不同科目的老师讲授着知识。我们人类又是从什么时候开始，在这样的学校里面学习的呢？也许不少人会觉得，这样的学习方式，至少也有上千年的历史了吧？实际上，这样的学校，只有两百多年的历史，在我们中国，历史更短，只有大约一百年的历史。

我们现在习以为常的教育方式，其实只不过是工业时代的产物。

不可否认，现代学校是伟大的发明，毕竟它把过去只为少数人享有的教育变成了大部分人能够享有的普及性教育，提升了全社会的文化素养。但是，同时它也具有非常明显的时代局限性。它强调效率优先，用工厂化的生产方式来“生产”人才，用整齐划一的教育模式来安排教育生活，除了统一的入学时间，还用统一的教学大纲、统一的教材、统一的教学进度和统一的考试评价来培养个性迥异、能力水平不一样的人。

这让作者想起了古希腊神话中的“普洛克路斯忒斯之床”。据说恶魔普洛克路斯忒斯有一张床，他很喜欢热情地邀请人们到他家里过夜，但是只有身体的高度和床一样长的人，才能在上面睡觉，否则比床长的人要被砍掉腿脚，比床短的人则要被强行拉到和床一样长。

而这张床，就类似于现代学校制度的标准。我们用这个标准来要求所有的学生，所以学生学习得很苦、很累，每个人的个性都得不到张扬，潜能得不到发挥。这正是现代学校制度的内在缺陷。

如今，工业时代渐行渐远，万物互联的时代已经开启，互联网技术日趋成熟，而我们的传统学校还只停留在培养孩子去适应那个逐渐远去的工业时代。

基于上述理由，作者认为，我们今天觉得天经地义的学校生活，会因为互联网和信息技术的发展而发生翻天覆地的变化。传统的学校已经进入了“无可奈何花落去”的衰亡期，未来取而代之的，将是“学习中心”。

那么，“学习中心”和“传统学校”有什么不同呢?

未来的学习中心，没有固定的教室，每个房间都要预约；没有以“校长室”“行政楼”为中心的领导机构，表面上看，可能有点像今天北上广的创业孵化器。

未来的学习中心，可以在社区，也可以在大学校园，甚至可以是在家里。

顺便提一句，据作者统计，我们中国在疫情发生之前，在家里接受教育的学龄少年儿童就已经超过 200 万了。

未来的学习中心，没有统一教材，全天候开放，没有周末、寒暑假，没有上学、放学时间，也没有学制。15 岁的孙子可以和 75 岁的爷爷在同一个课堂上同样的课；年轻的父母也可以和自己的孩子学习同样的内容。

你看，作者所构想的学习中心，是不是和传统的现代学校差异非常大？大到什么程度？大到让人觉得非常遥远。确实，作者也承认，这是一个格外艰难也非常漫长的过程。但是，我想在这里和大家分享比尔·盖茨的一句话：我们总是高估未来两年的变化，低估未来 10 年的变革。

正如没有人能想到，2020 年才刚开始，全世界的学生共同开启了在家上网课的学习模式。我们不妨回头想想，10 年前，当我们手里还拿着诺基亚黑白屏手机的时候，谁能预料到，仅仅 10 年，万物互联的时代就这样悄无声息地到来了。当然，疫情结束之后，绝大部分孩子最终还是会被焦头烂额的爹妈扔回学校。但是，这次短暂的集体尝试，至少能证明，如今阻碍孩子接受新式教育的，并不是技术，而是制度和观念。

回到前面提出的那个问题，我们的教育依赖学校，有错吗？把那些需要专业技能的任务交给专业的人去做，确实没有错。但是，如果你将孩子的未来寄托在传统学校之上，那就要慎重了。

很遗憾，这依然是一个拼爹的时代，拼的是什么呢？除了爹的财力，更大程度上，拼的是爹的见识。当我们看着孩子在家上网课的时候，应该去拓展一下自己的眼界，认真地去了解一下，除了在传统学校学习，还有哪些更适合孩子的教育方式或优质教育资源。

新中式父母

第三章

高端的格局

1. 请别再转发那段“选择的权利”

> 有些父母埋怨自己的孩子缺乏学习的动力，可他们有没有想过，“好好读书，是为了找到一份好工作，争取过上更好的生活”，在这个物质极度丰富的时代，这是最无力的激励。

每次到了临近开学的时候，我们都会发现有一段话又开始流行起来：孩子，我要求你读书用功，不是因为我要你跟别人比成绩，而是因为，我希望你将来会拥有选择的权利，选择有意义、有时间的工作，而不是被迫谋生。当你的工作在你心中有意义，你就有成就感。

这是某著名作家写给自己儿子的一段话，读起来似乎充满了智慧，还寄托了一个母亲对孩子的殷切期望，所以有一段时间不少家长都在转发这一段话。

这段被很多爸爸妈妈们奉为经典的名言，真的能够起到激励的作用吗？我曾经私底下问了几个学生，我问他们：看完这段话之后，你的感觉如何？

听听孩子们的心声，或许可以帮助我们找到更真实的答案，其中有一个学生说：这句话听上去很有道理，但是我不喜欢家长用这样的语气和我说话。

学生的回答让我想起了这位作家的另外一篇文章，这篇文章里面记录了一个她和儿子相处的情景：儿子 21 岁，上的大学刚好也是这位母亲教书的大学，但即使是同路，儿子也不愿意搭她的车，就算是同车，儿子也会戴上耳机，拒绝和母亲说话。

一个学识渊博而且情真意切的母亲，坐在她身边的却是一个冷漠的儿子。为什么会出现这样的情况？其实我那个学生给出了很好的答案：孩子不喜欢爸妈高高在上的样子。

是的，孩子不喜欢爸妈高高在上的样子。

这位作家的这段话怎么就显得高高在上了呢？同为母亲的家庭教育专家尹建莉曾指出，这段话背后的潜台词就是：你以为妈妈要求你用功读书只是为了跟别人比成绩，错了，妈妈要的不是成绩，是未来。你不懂得，现在有好成绩，未来才有好工作，好工作意味着快乐的生活，这之外的生活都是没有意义的。

拨开这段话外面华丽的辞藻，我们看到的是一个居高临下的态度和一个俗不可耐的观点——好好学习就是为了将来找一份好工作。

试问这样的态度和这样的观点，怎么能赢得孩子的钦佩和认同？

对于一些非常现实的家长来说，好好学习就是为了将来能够找到一份好工作呀，这有什么错？

这确实没有错。可是，如果你希望自己的孩子今后能够成为一个精英，那么这句话也许会变成孩子成长的阻碍。

假如一个孩子真的按照这位作家的观点去刻苦学习，如无意外，到最后通常只会成为一个平庸的打工者。

试想一下，一个学生有幸参加像剑桥、哈佛这样的名校的面试，一旦面试官听到这个学生说，自己读书只是“为了找一份好工作”，那这个学生基本上就与这些名校无缘了。

那么，怎么做才能让自己的孩子以后成为一个对家庭有担当、对社会有贡献的精英呢？

今天我想和大家分享一本好书，这本书的书名叫《父母的格局》。作者叫作黄静洁，是两个男孩的母亲，大儿子今年刚好18岁，准备进入著名的纽约大学读书。她还获得了全国妇联和中国家庭教育协会共同授予的“好妈妈”称号。

更让作者自豪的是，某一天她从别人口中得知，儿子心中最深爱、最敬佩的人，是妈妈。

这是一位优秀的妈妈，她不仅培养出卓越的儿子，还和儿子维持着一种亲密和谐的关系。接下来我们就一起来分享一下她的教育心得吧。

这本书《父母的格局》当中最核心的观点就是：父母的格局有多大，孩子的未来就有多宽广。

作者认为，所谓的格局，就是有高度的视野、有广度的胸怀、有厚度的理想。这句话听上去比较空泛，为了方便理解，和大家分享作者的两点重要的建议。

第一，父母要有豁达的心态，能够坦然接受一个残酷的现实：孩子并不属于你，孩子是和你平等的独立个体。

在中国传统的伦理关系中，孩子当然是属于父母的，正所谓“身体发肤，受之父母，不敢毁伤，孝之始也”。在历史上很长一段时间里，人们认为，既然父母给予了孩子生命，那么打骂、责罚，甚至以爱之名来剥夺孩子的自由，都是情理之中的事情。

基于这种逻辑，孩子就要去你为他选择的学校，下课了要去参加你为他选的辅导班，他应该听从你的建议选择“有出息”的专业。

以爱的名义包办一切，孩子就失去了成长的内在动力和负责任的能力；以爱的名义如影随形，就剥夺了孩子的空间，让他们在父母的关注中喘不过气来。

孩子借由我们来到这个世界，但是他们不属于我们，而属于他们自己，属于这个世界。

我听说过一个非常有趣的说法。罗辑思维公司的联合创始人脱不花在她得知自己怀孕的那一刻，她的第一反应就是，家里又多了一个“房客”，而且一住就是十八年。

脱不花把自己即将要生下来的孩子比喻成“房客”，我觉得这就是一种父母应该拥有的心态。

孩子不是我们的延伸物，也不是我们的产品，更不是我们必须要控制的一个对象，他就是我们一个长达十八年的同宿舍的舍友。我们会陪他走过人生最重要的一段，给他提供最关键的帮助。但是，他是他，我是我，我们是两个平等的人。

把孩子看成一个和我们平等的独立的个体，我们就不会用一种盛气凌人的姿态来对待自己的孩子，我们才能给孩子提供更广阔的发展空间，只有这样，孩子才会走得更远、飞得更高。

当然，承认孩子不属于自己，并不意味着爸爸妈妈可以对孩子撒手不管。孩子肯定是要管的，毕竟孩子的身上多多少少都会存在一些陋习，可是，在管孩子之前，父母应该要先管理好自己。接下来是作者的第二点建议。

第二，保持积极上进的生活状态和崇高的价值观，这样的父母更可能给孩子提供源源不断的成长动力。

《父母的格局》这本书里面有句话写得非常好，值得我们反复斟酌，这句话是这样写的：对孩子影响最大的不是你硬要灌输给他们的东西，而是他们从你身上看到了什么样的活法。

我见过一些这样的父母，他们在有了孩子之后，就把所有未来的希望都寄托在孩子的身上，每一天都是围着孩子转。“一切都是为了孩子”，成为他们努力工作的唯一信念。至于自己还有什么其他梦想，他们一个都答不出来。

而这样的父母，他们的孩子通常都不会太优秀。他们的孩子生活得如履薄冰，生怕辜负爸妈殷切的期望，久而久之，孩子也分不清自己到底在为什么而读书。

到底为什么而读书？父母要用行动来告诉孩子。倘若父母只是一个甘于平庸、不思进取的人，那他们凭什么要求孩子要好学上进？反过来说，如果父母是理想高尚且严于律己的人，那他们不用说什么，孩子也会受到他们的感染。

比如《父母的格局》的作者，她从旁人的口中得知，她的儿子对父母的工作了如指掌，也为父母而感到骄傲，尤其对妈妈所做的事业感到无比敬佩。原来她的儿子也知道自己的妈妈正在用一己之力来改变中国的家庭教育观念，正是如此，她的儿子也从中获得了源源不断的动力。

有些父母埋怨自己的孩子缺乏学习的动力，可他们有没有想过，“好好读书，是为了找到一份好工作，争取过上更好的生活”，在这个物质极度丰富的时代，这是最无力的激励。

在应试教育依然盛行的今天，我们需要问自己一个很关键的问题：我们是在为谁养儿育女？

如果你的答案是为自己养育儿女，那么结果就是，你的孩子拥有的只有你。

如果你的答案是为孩子的未来养育儿女，那么结果是，孩子在自己的未来中看到的更多的是他自己。

如果你的答案是为了这个世界来养育儿女，那么结果是，孩子会勇敢地承担起改善世界甚至是改变世界的责任，孩子才能获得源源不断的成长的动力。

亲爱的父母，要让孩子知道，这个世界需要他。

2. 把孩子交给学校，就万事大吉了吗

> 最好的教育，不一定是最贵的教育；而最好的父母，一定是有品位、有见识的父母。

一个强悍的家庭主妇

小兰是我见过的最强悍的家庭主妇。

在遇见小兰前，我一直以为家庭主妇，无非就是家庭的附属品，在家庭里属于一种可有可无的角色。就算有存在的价值，也只不过和一个保姆差不多。

现在，我的这些想法被她彻底地颠覆了。

小兰是重点大学的硕士毕业生，留过学，曾经是外企的高管。自从生下小孩之后，就辞职回家，成为全职家庭主妇。家里的收入来源全靠丈夫，幸运的是，她的丈夫也是一个收入不菲的企业高管。

你以为小兰她会在家煮饭吧，事实上并没有，她请了一个保姆专门来帮她煮饭搞卫生，而她呢，几乎把所有的时间和心思都放在了对孩子的教育上。

当孩子还是个婴儿的时候，她就设计了各种各样的游戏和孩子互动，一些在外人看来非常简单无聊的游戏，她都能把背后的养育原理说得头头是道。

等到孩子上幼儿园之后，她在家也不闲着，一边给孩子准备晚上睡觉前的故事，一边自学心理学的专业知识。

如今，她的孩子已经上了小学，课余时间早已被她安排得满满当当。

周一晚上学画画，周二晚上学书法，周三晚上学钢琴，周四晚上学英语，周五晚上学演讲，周六学游泳，星期天就学跆拳道。

你以为她的孩子会厌烦吧，事实上还真没有。我曾经问过她，这当中的秘诀是什么，她抿嘴一笑，说，“全靠睡前的小故事啊！”

原来，这么多年，她搜集了大量的小故事，然后结合她自学的心理学理论，精心挑选、重新整合，通过讲故事的方法，给孩子传授了很多知识，也传递了很多积极向上的心态。

强悍的背后，是焦虑

我问她：“你每天都这么折腾，难道不觉得很累吗？”

她回答：“累，是你难以想象的累，我估计要是你啊，没到两个星期就放弃了。”

我还是很不理解，“你们两夫妻的收入都挺高的，房子也都有两三套了，为什么还要过得这么累？不仅你们累，孩子也很累。”

“其实，不瞒你说，主要是怕。”

“怕什么？”

“怕孩子以后会沦落为下层人。”

那一刻，我终于明白了。她之所以费尽心思、穷尽一切地培养自己的孩子，都是源于对孩子未来的担忧。

小兰和她丈夫都是成长于贫困家庭，父母也没有多少文化，全靠自己不懈的拼搏，才争取到今天这样的富足生活。

尽管他们已经住进了市中心的高档小区，小区的环境很幽静，可是他们的内心并不平静。在他们看来，如果自己的孩子以后不能在社会上脱颖而出，这一切都会变成泡影。

焦虑背后，是残酷的现实

当今社会真的有他们想的那样，形势如此严峻吗？

也许，今年北京高考文科状元熊轩昂的一番话会让我们找到一部分答案。他在接受采访的时候，说了这么一段话——

高考是阶层性的考试，农村地区越来越难考出来。我是中产家庭的孩子，生在北京，在北京这种大城市能享受到的教育资源，决定了我在学习时能走很多捷径。现在很多状元都是家里厉害又有能力的人。

熊轩昂的话，刷新了我对高考状元的看法。如果我们去认真了解一下，会惊讶地发现，现在的状元和过去的状元确实已经很不一样了。

在过去，我们了解到的很多状元，都是“贫民逆袭”的典型代表。考试是他们唯一的出路，他们两耳不闻窗外事，一心扑在学习上，到最后，修炼成了一台高级的考试机器。

可如今，那些状元们，渐渐地变成了“人生赢家”的典型代表。他们家境优越，从小就接受最优质的教育，课外的学习也是丰富多彩。到最后，他们既是应试教育的佼佼者，也是素质教育的受益者。

为什么会这样？

究其根本原因，无非是现在的优质教育资源，不仅非常稀缺，还高度集中。

大家都想给孩子争取最好的教育资源，可是由于它的稀缺性，导致它必然很昂贵。昂贵的优质资源，早已让下层的贫困家庭望而却步。最后，这些优质教育资源落入了中上层的家庭。

于是，传说中的“马太效应”应验了——强者越强，弱者越弱。

中上层家庭虽然占据优势，可他们如果没有抓住这些资源，同样也会面临衰落的风险。而这，也正是小兰内心深处的忧虑。

看清现实后，要有智慧的行动

在残酷的现实面前，不管是什么层级的家庭，都存在着难以摆脱的忧虑。

面对这种忧虑，难道我们每一个人都应该像小兰那样，不顾一切代价、花费巨额的资金来填满孩子的课余生活吗？

这算是一种方法，但肯定不是最好的方法。

国际著名企业策略家大前研一说：“家是教养的起点。”

是的，学校教育再怎么好，也比不上家庭对孩子的教育影响力。毋庸讳言，这是个“拼爹拼娘”的时代，但归根结底，拼的不是父母的财富，而是父母的见识。

想想看，你平时给孩子听什么样的音乐？是《小苹果》《爱情买卖》《伤不起》，还是《雪绒花》《孤独的牧羊人》和莫扎特的《小夜曲》？

再想想看，你平时给孩子看什么样的电视节目？是《喜羊羊》《熊出没》，还是《巧虎》和BBC的纪录片？

继续想，有空余时间的时候，你是带着孩子去探亲访戚打打牌，还是去博物馆增长自己和孩子的见识？

以上的选择当中，后者的选择，对于孩子而言，都是极好的教育资源，而这些资源都不贵。用不用这些资源，关键还是在于父母的见识。

最好的教育，不一定是最贵的教育；而最好的父母，一定是有品位、有见识的父母。

3. 电子游戏，真的会阻碍孩子成长吗

> 找一款优质游戏，来一场激烈的亲子竞赛，这难道不也是一种畅快的天伦之乐吗？我体验过《纪念碑谷》《黏黏世界》和《割绳子》（Cut the Rope），感觉真的很棒。竞赛过后，我们家长还可以顺势向孩子示范什么叫作“自控力”——酣畅淋漓之后，懂得适可而止，然后把目光投向下一项有待完成的事情。把电子游戏变成爱的载体、教育的工具，这才是处理电子游戏的最高境界。

电子游戏，势不可挡

2018 年 2 月，以培养挖掘机技师而闻名的蓝翔技校，他们的电子游戏竞技专业正式开课。3 月份，北京大学也正式开设了电子游戏通论课，每次上课，教室里都挤满了学生。从地方技校到顶尖大学，中国有越来越多的学校把电子游戏搬进了课堂。

不知不觉，曾经被视为洪水猛兽的电子游戏，逐渐渗透了我们的教育体系。电子游戏，从一种小孩子的玩意儿，变成正儿八经的专业学科，这当中到底发生了什么？

说起电子游戏，它实际上更像是科技发展的副产品。计算机产生于 20 世纪 40 年代，几年后，世界上的第一款电子游戏“井字棋”就诞生了。随着计

算机技术的飞速发展，电子游戏的画面变得越来越精美、玩法也越来越丰富，充满创意和趣味的电子游戏吸引了大批的玩家。

计算机的体积在不断缩小的同时，性能却在日益增强，掌上电子游戏机应运而生。我至今仍然记得，当年读小学时，经常去邻居家玩 Game Boy 的我。那时的我，曾一度迷恋于这个小小的游戏机。是它，拓宽了我的想象世界，让我深刻体会到什么叫“万千世界尽在方寸之间”；也正是它，给我带来了充满乐趣的童年时光。

2007 年，iPhone 神奇般地出现在世人的面前，猛然拉开了移动互联网时代的序幕。几年后，拿着诺基亚黑白屏手机的我，看着别人用手中的 iPhone 4 和网上的朋友一起玩游戏，感受到一股强烈的震撼——就这样一部小小的手机，竟然还能和远方的朋友一起分享游戏的乐趣，这真的太美妙了。

时至今日，几乎每个人，都拥有至少一部这样的手机：轻薄、便携、大屏、性能强大，可以随时随地玩任何一款联网游戏。电子游戏突破了所有限制，它丰富多彩，又唾手可得。于是，在空余时间随手玩一把电子游戏，成为普遍存在的生活方式。电子游戏就这样，渗透进我们生活的每个角落。

电子游戏的产业规模也因此屡创新高，据苏宁金融研究院统计，中国移动游戏市场一直在书写着自己的增长奇迹：2014 年营收破 1000 亿元、2016 年破 1500 亿元、2017 年超 2000 亿元。电子游戏产业已经成长为一个庞然大物，它如同展开了绚丽羽毛的孔雀，吸引着每个人的目光。

电子游戏为何如此让人着迷

电子游戏到底有什么神奇之处，让人们如此着迷呢？

2012年，世界顶级未来趋势智库“未来学会”游戏研发总监麦戈尼格尔（McGonigal）出版了一本名为《游戏改变世界》的书，作为一位女性玩家和专门研究游戏的科学家，她为我们揭示了游戏的特征和背后的运作机制。

如果你以为游戏只是一群电脑程序员的劳动成果，那就错了。实际上，游戏行业成立了大量科学研究实验室，这些实验室主要致力于对游戏情绪的神经生物学研究。曾经就有记者报道过，微软的游戏测试实验室“不像游戏工作室，反而更像心理研究所”。每款优秀的游戏，都建立在对人类心理渴求的深刻认知之上。

电子游戏让人着迷的第一个特点：明确的目标和可操作性步骤。

风靡全球的《魔兽世界》就是这样的一款游戏。在游戏世界里，有成千上万个角色会给你提供各种任务。它们会拿出一份卷轴，上面写着明确的目标：到哪里去，一步步地指示你到了目的地后该做什么，并具体规定收集多少证据方可证明目标实现。

无尽的系列任务和可操作性步骤，正是《魔兽世界》激动人心的原因所在。玩家的脑海里，每时每刻都存在着清晰的目标，而且他们也都知道，只要按照指引做，就一定会达成目标，没有任何疑虑。

在《幸福多了40%》一书中，索尼娅·柳博米尔斯写到，提高人们生活质量最快速的方法，就是“赋予人们具体的目标，一件可以去做又能保有期待的事情”。

电子游戏为我们提供了这样的目标和步骤，让我们的幸福感飙升，有多少人能不爱它呢？

电子游戏让人着迷的第二个特点：精确的即时反馈。

我曾经见过朋友玩一款网络游戏，名字已经不记得了，但我清晰地记得，当时他在游戏里反反复复地打妖怪，而每个妖怪都是差不多的。我看着他在半个小时里，打死了几十个几乎一模一样的妖怪。

我问他，“打来打去都一样，你不觉得无聊吗？”

他带着蔑视的眼神回答：“你不懂，这叫打怪升级，打够妖怪之后，我就可以升级啦！”

原来，每打死一个妖怪，他马上就可以看到自己的经验值提高了多少。他打妖怪的时候，眼睛盯着的不是妖怪，而是在时刻变动的经验值。

是“即时反馈”，为枯燥重复的劳动带来了快感。反观现实生活，我们的孩子也经常要面对很多枯燥的重复劳动，比如说做作业，可是他们很多时候选择的是抗拒和逃避。为什么会这样？过去我们总把这归咎于孩子的懒惰，现在我们终于发现了另外一种可能性——孩子不能及时地感受到做作业所带来的提升。

看书也是如此，我们花几个小时去看一本书，却无法精准地感受到自己的智慧增长了几分。不是真正爱好读书的人，还真是难以坚持下去。

现实世界和游戏世界差距如此之大，难怪这么多人一头钻进了游戏世界里。

电子游戏让人着迷的第三个特点：强烈的社交属性。

前不久，一款来自日本的手机游戏《旅行青蛙》在我的朋友圈里刷了屏。这实际上是一款很简单的游戏，无非就是照看一只青蛙，可为什么会有这么多人玩呢？认真看看朋友圈下方的评论、对话，就不难发现，我们最看重的并不是游戏本身，而是这款游戏给我们带来了很多聊天的机会。

这让我想起了多年前风靡一时的“偷菜”游戏。我们在一个游戏网站上扮演一个农场主，在农场里种植各种各样的蔬菜和水果。果实成熟之后，如果不及时采摘，就会被朋友偷摘。想当年，为了偷朋友的菜或者保卫自己的菜，三更半夜起床打开游戏的人还少吗？当然，偷回来的菜，既不能吃，也不能换成人民币。图的是什么？是朋友之间的互动。

我有一位刚上大学的学生告诉我，他们宿舍同学最团结的时刻，就是一起组队“开黑”玩游戏的时候。当时我满脸疑惑，什么是“开黑”？学生解释，所谓“开黑”，就是玩线上组队对战的游戏时，他们联手去对抗陌生玩家的行为。学生解释完之后，感慨道：一款对战游戏，让他们从虚拟世界中的盟友，变成了现实生活中亲如兄弟的好朋友。

如此看来，电子游戏确实给我们的生活创造了很多增进沟通、联系感情的契机。

如果你的孩子沉迷游戏

既然电子游戏拥有这么多优点，可为什么有的家长却对它痛恨万分呢？答案的关键在于“沉迷”二字，电子游戏太容易让人沉迷。而沉迷游戏，可能会带来一系列的问题：影响学业、损坏健康、沾染色情和暴力。

电子游戏就是这样的一把“双刃剑”，它有天使的一面，也有魔鬼的一面。面对沉迷电子游戏的孩子，我们可以怎么做呢？处理这个问题的方法可以分为四个层次。

最低层次的方法是“严格禁止”。

教育是一门“慢艺术”，需要循序渐进，没有一劳永逸的方法，而偏偏现实中却有太多急躁的父母，他们总以为有办法可以立刻改掉孩子的毛病。

比如，面对孩子沉迷电子游戏，他们通常会把所有手机和电脑都收起来，完全不让孩子接触到任何与电子游戏有关的设备。一旦发现孩子玩电子游戏，就给予严厉的惩罚。这种做法的思路就是：孩子沉迷游戏，我不让他玩，不就行了吗？

强制禁止，真的能起作用吗？

曾经有位班主任和我分享过一个这样的案例：一个初中生，多次在宿舍玩手机游戏被老师发现，老师没收了他三四部手机，但他依旧屡教不改。这个学生仿佛有用不完的钱，一部手机刚被没收，转眼又买了一部新手机。

班主任判断，这学生肯定是家长给的零用钱太多了，于是联系家长。出乎意料的是，这家长表示平时极少给孩子零用钱，而且平时从来不给孩子玩手机。

疑惑的班主任开始深入调查，顺藤摸瓜，最后终于探明真相。原来这个学生为了筹钱买手机来玩游戏，在宿舍区做起了零食买卖。几乎垄断宿舍零食销售的他，获益颇丰，买几部手机，自然不在话下。

那位家长以为，完全禁止孩子玩手机，孩子就会乖乖就范，可他忽略了一个普遍的规律：孩子有时候就像一根弹簧，你压得越用力，他就反弹得越厉害。

第二层次的方法是“谈条件”。

在我身边，更常见的是设定玩游戏的限制条件，比如考试进步了才能玩、做完作业了才能玩、不做家务不能玩、周末玩游戏的时间不能超过两小时。

这种做法的基本逻辑，就是把玩手机游戏变成一种奖赏。而这种奖赏机制，其实会对孩子的行为造成错误的引导。因为每一次玩游戏的机会都很难得，所以每一次玩游戏都会特别专注，高度的专注进而带来更强烈的快感。长此以往，孩子反而更容易沉迷游戏。

在我的教学生涯里，就见过这样的学生。他们的成绩像坐过山车，一会儿很优秀，一会儿很糟糕。出现这种情况的学生，他们通常都是因为陷入了一个恶性循环之中：先是为了争取玩游戏的机会，努力拼搏考个好成绩；好成绩换来玩游戏的机会之后，就深度地沉迷于游戏之中，于是影响了学习，成绩一落千丈；成绩差了，手机也就被没收了；为了再次争取玩游戏的机会，又开始了短暂的拼搏……

实际上，不管是严格的禁止，还是有条件地限制，都无法维持学生的可持续发展。我们留意一下大学宿舍里的学生，就会发现，当中就有一些自控力极差的学生，不分昼夜地玩电子游戏。他们的行为，像无声的抗议，像沉默的报复。

自控力就像肌肉一样，需要锻炼才能变得有力。家长简单地加以限制，就是在剥夺孩子锻炼自控力的机会。

第三层次的方法是“转移注意力”。

说到这里，也许家长的脑袋里会出现一个大大的问号：不限制，难道要放纵吗？放纵孩子玩电子游戏，不是更可怕吗？

大禹治水，堵不如疏。

很多学生在中考结束之后，都会以放松之名而沉迷游戏，有的家长会在这期间和孩子展开激烈的“手机争夺战”。家长也知道这不是长久之计，但是，还有更好的办法吗？还真有。

央视纪录片《00后》里面记录了这样一位爸爸，儿子刚参加完中考，他就带着儿子踏上了川藏骑行之旅。在这个过程中，他们父子俩各自骑着一辆自行车，共同经历了暴雨、逆风和泥泞不堪的道路，回忆起这段经历，儿子自豪地说："这次川藏全程，我都是骑下来的，没有推车、没有搭车。看到了很多美丽的风景，像海子山的姊妹湖、像冰川、像高山的草甸……"

如果孩子感受到现实世界的丰富多彩，就不会在虚拟的世界里徘徊。

我们不妨反观一下自己，给孩子提供了怎样的生活？是不是那种只有"两点一线"的单调生活？是不是那种被题海淹没的乏味生活？或者，是不是那种不被父母理解的孤独生活？

孩子天生充满好奇心，还精力充沛，我们不带着他去感受生活的精彩，那他就只能闯进光怪陆离的虚拟世界，寻求精神的寄托。

最高层次的方法是"携手共进"。

游戏正在改变世界，它形成了一股奔涌向前的时代大潮，变成空气一般的存在，时刻围绕在我们身边。我们无法回避，也不应该逃避，理性地拥抱它，才是正确的做法。

你尝试过和孩子一起玩电子游戏吗？

在《游戏改变教育》这本书里，作者向父母们提出了两个问题：你是否曾坐下来和你的孩子一起玩过游戏？你是否曾问过他，到底从游戏中得到了什么？

作者之所以提出这两个问题，是因为很多家长被市面上的劣质游戏蒙蔽了双眼，总以为所有电子游戏都不是好东西。实际上很多游戏都具备很好的教育功能，如果善加利用，可以带来喜人的教育效果。

例如《我的世界》（Minecraft）就是一款极具教育意义的电子游戏，这是一款高自由度的沙盒游戏，玩家可以在里面设计出自己理想中的木屋、城堡甚至城市。

另外，别忘了，电子游戏还具有强烈的社交属性，而这种社交并不局限于朋友之间，它还可以拉近亲子之间的距离。我非常认同马云说的这句话："不是所有游戏都是恶魔，比如游戏可以帮助家长和孩子互动。"

找一款优质游戏，来一场激烈的亲子竞赛，这难道不也是一种畅快的天伦之乐吗？我体验过《纪念碑谷》《黏黏世界》和《割绳子》（Cut the Rope），感觉真的很棒。

竞赛过后，我们家长还可以顺势向孩子示范什么叫作"自控力"——酣畅淋漓之后，懂得适可而止，然后把目光投向下一项有待完成的事情。

把电子游戏变成爱的载体、教育的工具，这才是处理电子游戏的最高境界。

4. 你是否还欠孩子一堂财商教育课

> 如果你不教孩子金钱的知识，将来会有其他人取代你来教育他。其他人是谁？也许是债主，也许是奸商，也许是警方，也许是骗子。

“9 岁男孩 30 多次打赏网络主播，转眼间花掉 1.6 万元。”

“10 岁女孩借手机打赏主播，一天之内就花了 1 万 3。”

“海口一名 12 岁小学生沉迷手机游戏，充值游戏、打赏游戏主播，更是花掉环卫工母亲李女士攒下的 4 万元辛苦钱，让李女士欲哭无泪。”

最近，一个又一个挥金如土的孩子接二连三地登上报纸。

很显然，这是我国财商教育严重缺失的恶果。我们中国人向来普遍耻于谈钱，这种心理在家庭教育中更为明显，以至于很多孩子的财商教育一片空白。这些孩子长大后，最终往往会沦为“月光族”或“啃老族”。

我相信，没有家长会希望自己的孩子沦落到这种境地。如果想要防止这个问题出现，最好的方法，不是给孩子无尽的财富，而是在日常生活中逐步提高孩子的财商。

所谓“财商”，就是一个人认识、创造和管理财富的能力，这种能力在很大程度上，影响着孩子未来的生活质量。很可惜的是，我们中国家长，对待财商教育和对待性教育一样，总以为孩子长大了就自然会懂。

“如果你不教孩子金钱的知识，将来会有其他人取代你来教育他。其他人是谁？也许是债主，也许是奸商，也许是警方，也许是骗子。”这是出自财商启蒙读本《富爸爸穷爸爸》的一段话，而在现实中，这样的例子，屡见不鲜。

财商教育，是教会孩子自律克制

前不久，大学校园的裸贷风波此起彼伏，其中一个案例是这样的：

一位女学生为了买 iPhone，去找贷款公司，打算借 3000 元。对方说，本金加上中介费、上门费等费用，你要在一月内还 6000 元。此外，每个星期还要支付 420 元的利息。

借 3000 元，一个月后要还 7680 元，如此过分的条款，稍微理智的人都会拒绝，可是这个女生太想得到 iPhone，竟然一咬牙接受了。

到了第一周的还钱时间，女生连利息都还不起，又向贷款公司借了 1500 元。这次对方要求拍裸照作为抵押，女生竟然再次接受了对方的过分要求。一个月之后，连利息都还不起的女生，在贷款公司的威胁下，走上了“肉偿”的道路。

是什么让她走上了这条不归路？是强烈的物欲，还有财商匮乏的大脑。

儿童财商启蒙书《小狗钱钱》里面讲了一个关于鹅的故事。一个农夫发现自家的鹅每天会下一只金蛋，不久之后，贪婪的农夫开始嫌弃这只鹅下蛋太慢，于是切开了鹅的肚子，迫不及待地掏出里面的金蛋。可是，从那以后，农夫再也得不到金蛋了。

理性消费，是我们学会理财的第一步，只有克服冲动消费和超前消费，我们才能保持健康的财富状况。

财商教育，是教会孩子规划未来

我曾经有个疑问：在经济发达的今天，为什么还会存在这么多穷人？明明已经有很多的慈善机构在帮助贫困地区，但为什么还是没有出现明显的改变？直到我看到了《贫穷的本质》这本书。

这本书的作者经过多年的考察，最后发现，穷人之所以穷，最根本的原因是“短视”。例如，在印度的贫民区，人们都知道化肥可以提高粮食产量，但还是不用。你问原因，他们会说，我没有钱买。你追问，去年丰收赚到的钱去哪儿？他会说，我花光了，买别的东西了。买了什么呢？原来是电视机。在他们心里，满足眼下的享受需求，才是最重要的，至于今年的收成，那就看天意吧。

只关注眼前利益，会让我们的生活陷入贫困的恶性循环。想想现在社会上，有多少成年人，常常为了满足一时的欲望，透支信用卡，然后再用另一张信用卡的钱来还前一张卡的钱，如此循环往复，最终葬送了自己的前途。

有物质上的追求，并没有错，但这需要循序渐进。

我们在逛商场的时候，常常能见到孩子央求父母给自己购买昂贵的玩具。有的父母会软下心来，立刻满足孩子的乞求；有的父母会大声责骂，然后置之不理；有的父母会在哭穷，来博取孩子的同情。

而正确的做法，应该是建议孩子把这个玩具加入自己的愿望清单，然后和孩子讨论，今后要如何合理规划使用自己的零花钱才能买到这个玩具。

财商教育，是教会孩子未雨绸缪

美国投资家查理·芒格有一句名言：“如果我知道自己会在哪里死去，我一定不会去那个地方。”这句话的意图，是想告诉我们，理财要有逆向思维——我们想要变得富有，不妨先想清楚什么会让自己变穷，然后避免这些问题。

通常情况下，有四种因素会阻碍我们实现财务自由：意外、疾病、无规划的支出和脆弱的投资系统。而“意外”和“疾病”都是难以预测的，这就需要我们提前做好应急预案。这就意味我们至少要做到两点：一是手里要有余钱来应急，二是要购买保险来应对大额度的支出。

购买保险，对于维持财富的稳定发展如此重要，在社会上并没有受到普遍重视。一位就职于保险公司的朋友曾经告诉我，现在很多人都对保险行业心存偏见，总觉得保险公司是在骗钱，还有更多的人觉得保险可有可无，你问他为什么不买，他们通常都会说“没有余钱买保险”。

假如一个人没有一点防范风险的意识，那就只能与财富无缘了。

回到培养孩子财商这件事情上，当孩子想花光所有零花钱来购物时，我们也应该抓住契机，教育孩子：无论何时，我们都不能把手头上的钱花光，因为我们还要留一些钱来应对意外。

财商教育，是教会孩子终身学习

单靠储蓄，是难以致富的，我们还需要有更多的途径来创造财富。

财经媒体人简七曾说过这么一段话：“本质上，投资是我们整体认知的财务变现，能够把我们对于政治、宏观经济、中观行业、微观商业、人性，甚至是对于自己的认识投射于损益这一维度上。所以，当我们沉淀了越来越多的智慧和更加成熟的三观后，投资成为我们最后一份职业的好选择。”

对此，我非常认同，在这个时代，“见识就是财富”。

我见过不少鄙视投资家的人，那些人总认为“投资”就是“投机取巧”，投资家就是一群用不正当的手段来谋取私利的人。实际上，投资家不仅没有投机取巧，反而他们是最好学上进的一群人。比如世界著名的投资家沃伦·巴菲特，他的朋友是这样评价他的：“我这辈子遇到的来自各行各业的聪明人，没有一个不每天阅读的——没有，一个都没有。而沃伦读书之多，可能会让你感到吃惊，他是一本长了两条腿的书”。

有见识的人，才能看清世界的发展趋势，当他们把资金投入到发展大潮中，在促进社会发展的同时，他们自然会从中收获足够的回报。

在这方面，我们不妨向犹太人学习，犹太父母经常对孩子说“一定不要吝啬给自己的投资”，而所谓的“投资自己”，就是不断地增长自己的智慧和见识。

财商教育，是教会孩子造福社会

我们拥有财富的数量，很大程度上取决于我们对社会做出贡献的大小。

《富爸爸穷爸爸》的作者罗伯特有两个爸爸，穷爸爸对他说：“你要好好学习，以后就能找到一份好工作来养活自己。”而富爸爸则会对他说：“你要好好学习，以后就能开自己的公司，创造很多就业机会给别人。”

两种说法，代表着两种迥异的观念。穷爸爸认为，驱动学习的力量是“恐惧”；富爸爸则认为，驱动学习的力量应该是“使命感”，好好学习就会帮到更多的人。

带着这两种不同的观念进入社会，也会呈现出两种不同的处世方式。之前出于恐惧而学习的人，进入社会后，也会因为恐惧而拒绝变化，他们追求的是稳定的工作。过去出于使命感而学习的人，进入社会后，同样也会因为使命感而努力创办企业，他们追求的是更大的社会价值。

我们这个世界，大部分时候都是公平的，决定你财富数量的依据，很大程度上就是你对这个社会所做出的贡献的大小。

所以，身为父母的我们，应该让孩子知道，马云和王健林之所能拥有这么多财富，是因为他们为社会做出了卓越的贡献。

最后，我们不得不承认，中国财商教育最大的问题，其实是很多家长本身就缺乏财商。抛掉对金钱的偏见，我们才能给孩子更好的财商教育。我非常认同《小狗钱钱》里面的一个观点：金钱是中性的，既不好，也不坏。一个幸福的人有了钱会更幸福；而一个悲观忧虑的人，钱越多，烦恼就越多。

做一个幸福的有钱人，难道不是一个美好的愿望吗?

如果你也不确定应该如何对孩子进行财商教育，那就不妨参考一下美国的经验，美国制定出了适合各年龄段的儿童财商评判标准——

3 岁：应学会识别硬币；

4 岁：学会用硬币买简单商品；

5 岁：知道管理少量零花钱，知道钱是劳动得到的报酬；

6 岁：会识别大面额纸币，知道简单的零钱找换；

7 岁：懂得阅读价格标签并确认自己有无购买能力，保证找回的钱数正确无误；

8 岁：知道估算所要购买商品的总成本；知道节约以应对近一个月内的需要，懂得在银行开户存钱；

9 岁：知道订立简单的每周开销计划，购物时知道货比三家；

10 岁：知道每周储蓄小笔钱以在必要时购买较贵的商品，懂得阅读商业广告；

11 岁：知道进行较长期的银行储蓄，包括储种、利率，学会计算利息，知道复利的原理；

12 岁：知道明智投资的价值，懂得正确使用一般银行业务中的术语，并知道钱来之不易应该珍惜；

13 岁—15 岁：可尝试一些安全的投资工具和服务，知道如何进行预算、储蓄和初步投资；

16 岁—17 岁：要学习一些宏观经济基础知识，学会关注全球市场信息，了解简单的金融工具之间的相互联系。

5. 孩子不喜欢看书，怎么办

> 正是这些误解，阻碍了我们拿起一本书。放下这些成见，你会发现，原来看书是这么轻松这么美好的。看书，不需要正襟危坐、不需要超强的记忆力，也不需要大段的时间。只要你愿意，随时随地都可以翻开书页，用舒服的姿态开启一段说走就走的旅行。

孩子不喜欢看书，怎么办？这是一个很多父母都问过我的问题，经过这么多年的沟通，我发现其实有些好方法大家都知道，只是往往很难做到，比如“以身作则”。有些父母希望孩子多看书，但自己一想起看书就头皮发麻。也许，你之所以有这种感觉，很可能是因为你对看书这件事存在很大的误解。

看书需要正襟危坐吗

在你的印象中，看书是不是一项严肃的活动？是不是需要正襟危坐才能充分吸收书中的知识？身为语文老师，我想告诉你，事实并非如此。阅读并不是一个被动等待作者教诲的过程。它更像是一趟说走就走的旅行，去欣赏字里行间的风景，去寻找智慧的珍宝。

阅读是一项自由的活动，它可以在任何环境下进行。你可以在公园的长椅上，伴着鸟鸣和清风，随意翻阅一本小说；也可以在地铁上，利用上下班的碎片时间，通过手机或电子书阅读一些有趣的文章；还可以在睡觉前，拿起一本书随手翻看几页。不论是坐在沙发上，还是躺在床上，阅读都可以成为你生活的一部分。

看书需要有好记性吗

另一个常见的误解是：阅读需要有好记性。很多人认为，如果不能记住所读的内容，那么阅读的意义就大打折扣。然而，阅读的真正价值并不在于记忆，而在于对思维的锻炼和思想的启迪。

阅读是一种大脑的体操，通过阅读，我们可以锻炼大脑的思维能力，提升逻辑分析和理解能力。在阅读的过程中，我们与作者进行思想的交流，通过文字进入作者的世界，感受他们的思维方式和表达技巧。这种体验本身就是一种阅历的丰富和内心的成长，即使不能记住每一个细节，也无妨。

此外，阅读是一种长期的积累过程。我们可以从每一次阅读中获得新的启示和灵感，哪怕只是一个小小的观点或一句话语，都会在潜移默化中影响我们的思维和生活。因此，不必过分在意是否记住了所有内容，更重要的是阅读过程中思想的活跃和心灵的愉悦。

看书需要完整的时间吗

许多人因为忙碌的生活而觉得自己没有时间看书，认为阅读需要完整的时间段来集中注意力。其实，阅读并不一定需要长时间的专注，它完全可以融入我们的日常生活中，利用零散的时间进行。

现代社会节奏快，碎片化时间增多，我们可以充分利用这些零碎时间来阅读。例如，在等公交车时，打开手机阅读几段文章；在午休时，翻阅几页喜欢的书籍；在睡前，用几分钟时间放松心情，沉浸在书香中。哪怕每次只读一点点，日积月累，亦能形成可观的阅读量。

阅读的乐趣在于积累，每次进步哪怕只是微小的一步，也能带来很大的欢喜。我们不必苛求一次性阅读大量内容，只要坚持每日阅读，慢慢积累，就会发现自己的知识储备和思维能力在不知不觉中得到了提升。正如胡适所言：怕什么真理无穷，进一寸有一寸的欢喜。

最后，我们需要调整自己的阅读心态。阅读不是一项任务，而是一种享受。不要把阅读看作是为了获取知识或提高能力的压力，而是视作一种放松和享受的过程。带着愉悦的心情去阅读，你会发现其中的乐趣无穷。

看书的目的也不必过于功利化。除了学习和工作需要外，阅读还可以是为了纯粹的娱乐和休闲。一本有趣的小说、一篇感人的散文、一段引人深思的随笔，都可以成为你闲暇时的良伴。通过阅读，我们可以在忙碌的生活中找到一片宁静的心灵空间，获得片刻的平静和满足。

你看，正是这些误解，阻碍了我们拿起一本书。放下这些成见，你会发现，原来看书是这么轻松和美好。看书，不需要正襟危坐、不需要超强的记忆力，也不需要大段的时间。只要你愿意，随时随地都可以翻开书页，用舒服的姿态开启一段说走就走的旅行。

在这趟旅程中，爸爸妈妈逛得开心，孩子自然也会紧随其后，甚至渐渐地跑到前面，然后对着身后的父母大喊一声："你们看，这里的风景真好！"

6. 亲子共读，一场浪漫的误会

> 亲子共读，说到底就是一场浪漫的误会。我们之所以走上歧途，是因为我们错误地把“培养阅读能力”这个期望押在了亲子共读上面。

提起亲子共读，我们总能联想到一些非常温馨浪漫的场景，比如：在柔软舒适的床上，妈妈怀抱着稚嫩的孩子，他们一起捧着一本书。妈妈声情并茂地将书里的内容讲给孩子听，孩子时而安静聆听，时而好奇提问。

如此一来，孩子学到了知识，亲情也得到了升温，你看，这样的亲子时光多美好啊。于是，亲子共读就逐渐成为了一种育儿风尚。

但是，当这一项原本很纯粹的亲子活动，被寄予不恰当的期望之后，它开始变得扭曲，最终变成了歧途。

有些家长希望通过亲子共读来让孩子认识更多的字，培养孩子的阅读能力。结果亲子共读变成了爸妈阅读，读了那么多，孩子的阅读能力依然很差。于是乎有妈妈发出了长长的哀叹：我一直给孩子读书，读过了上千本绘本，为什么孩子上学后读课文还是磕磕绊绊，连认生字都错误百出？是我做得还不够多吗？

明明读了很多书，孩子上学之后还是不会阅读，到底是哪里出问题了呢？

亲子阅读，对于培养孩子的阅读能力，到底是有利还是有弊呢？

对于这些问题，我觉得我们可以从这本书里找到分析的思路——《阅读手册：成就孩子一生的阅读培养法》。

这本书是由一对北大夫妻共同合作写成的，我非常喜欢他们写的书，之前也向大家推荐过他们写的另外一本书《与孩子合作》。一对关系亲密的学霸夫妻，一起研读了大量育儿著作，最后在实践中成功培养出两个热爱阅读且擅长阅读的孩子。所以，他们的经验还是非常值得借鉴的。

那么，他们是怎么看待亲子共读这件事的呢？在他们看来，亲子共读不是真正的阅读。

典型的亲子共读常常是由父母发起和主导的，控制权掌握在父母手里，孩子只能被动跟从。父母是亲子共读的“导演”，主导读什么、怎么读。在这样的阅读活动中，父母替代孩子，成为“阅读者”，把自己读到的内容说给孩子听，这就像父母在一口一口地喂孩子吃饭。

孩子年幼，完全不能自理的时候，你给他喂食，这是合乎情理的。可是，当孩子稍大一点，能自己拿起勺子之后，你还在殷勤地把饭嚼碎了再喂到他嘴里，那就是在剥夺孩子自我成长的机会。

是的，我们应该把勺子还给孩子。也就是说，在阅读这件事上，当孩子能自己拿起书本的时候，就把书留给他自己读。

因为真正的阅读，是“自主阅读”。

这也正是我想和大家分享的书中的第一点重要建议：把阅读的自主权交给孩子。

把阅读的自主权交给孩子，就是留一点时间和空间，让孩子与书本独处。

有的家长可能会问：如果孩子一个字都不认识，怎么自己阅读？实际上，对于学龄前甚至小学低年级的孩子来说，阅读完全可以通过读图进行，孩子不识字或者识字量不大，并不影响他在这个年龄段享受到高质量的阅读。

同时，把阅读自主权交给孩子，也意味着要把选书权交给孩子。让孩子自己选书？孩子选的书不够好怎么办？孩子的阅读“失控”怎么办？孩子买的书没看完，又要买新的，怎么办？

这个时候，我们不妨想想，女性买衣服的能力是怎么锻炼出来的？不也是通过一次又一次的失败锻炼出来的吗？给孩子试错的机会，孩子的选书能力才会得到锻炼。

接下来是这本书的第二点重要建议：帮孩子与阅读兴趣相遇。

在孩子阅读这件事情上，父母很容易陷入一个误区，那就是认为阅读习惯很重要。这些父母会给孩子做阅读计划，参与阅读打卡活动，给孩子布置摘抄任务。

阅读原本应该是一种自由的活动，想看就看，不想看就不看，乘兴而来，兴尽而返。按照规定机械地阅读，既容易让孩子乐趣全无，也无法让孩子享受到真正的自由阅读。

对孩子来说，真正能让他乐于持续阅读并从阅读中长久获益的，并不是所谓的阅读习惯，而是孩子从阅读中获得的享受。

某天，孩子被一本书封面上的图案或者标题所吸引，随手翻开，然后他不知不觉就读了一大半，合上书本时，他的内心充满能量且非常满足，这就是一次美好的相遇。

怎么做才能增加与这些美好相遇的概率呢？除了多带孩子去图书馆或者优

质书店，让孩子自己选书之外，你有没有考虑过，将家里客厅的 C 位留给书架呢？假如家庭生活的中心不是电视机，而是书架，那么，当孩子无所事事的时候，随手拿起的不再是遥控器，而是一本书。

亲子共读，说到底就是一场浪漫的误会。我们曾以为，如此美好的亲子活动能让孩子在享受天伦之乐的同时，学会阅读、爱上阅读，没想到最后却不小心剥夺了孩子自主成长的机会。

但不要忘了，我们之所以走上歧途，是因为我们错误地把“培养阅读能力”这个期望押在了亲子共读上面。

让亲子共读回归纯粹，把自主权交给孩子，这才是最美好的阅读生活。

7. 隐藏在《桃花源记》里的秘密

> 美好的桃花源不用千辛万苦地去寻找，它其实就在我们身边。更确切地说，是在我们的手上，种下一棵桃花，用心去培植，就能长出一片桃园。也许这个过程也会充满艰辛，但是我们也可以像当年的陶渊明一样，告诉自己：衣沾不足惜，但使愿无违。

最近，我有一位好朋友又开了一家蛋糕店的分店。看着她的事业一直蒸蒸日上，我还真是有几分羡慕。我羡慕她有敢于改变的勇气，更羡慕的是，她现在拥有了自己最喜欢的生活。

多年前，她还是一个公安部门的文员。当时的她，辞去了安稳的工作，自己开了一家很小很小的蛋糕店，每天做着自己最喜欢的事情，那就是制作蛋糕。慢慢地，她的客人越来越多，如今，她的分店已经开到了第三家。

每次说起这件事，我们都会感慨：改变生活，从辞职开始啊！

确实，当今社会的辞职现象越来越多，辞职的理由也千奇百怪，其中最出名的，莫过于那一句“世界那么大，我想去看看”。

这封只有一句话的信，曾被评为“最大气的辞职信”。

而在我心中，最大气的辞职信，应该是一千六百多年前，由诗人陶渊明写下的一封辞职信，这封信的名字叫作《归去来兮辞》。

陶渊明在上面写道：“归去来兮，田园将芜胡不归？”回家去吧，田园都快荒芜了。“既自以心为形役，奚惆怅而独悲。”既然心灵已经变成了形体的奴隶，那何必还耽留不返，在那儿惆怅、独自悲伤呢？

陶渊明早已厌倦了官场上的钩心斗角和腐败的风气，他脱下了身上的官服，转身离开，回到自己的田园。辞职回家的陶渊明，不久之后又写了一组诗——《归园田居》。他在这组诗里，描绘了他在田园里，过上了质朴而美好的生活。

他说：“久在樊笼里，复得返自然。”这么久以来，自己一直被困在牢笼里，现在终于回到了自己最喜爱的田园。

陶渊明的辞职，不是利益的计较，而是生活方式的考量。他辞掉的，不是一个什么职务，而是一种生活方式。他要的是一种能够保存“真我”的生活方式。

公元420年，东晋灭亡。陶渊明生逢乱世，眼看一个朝代在眼前轰然倒塌，于是他将名字改为“陶潜”。他要用“潜”字来表达自己永远归隐田园的决心。

然后，他写下了流芳百世的《桃花源记》。里面讲的是一千七百多年前的晋朝太元年间，一个以捕鱼为业的武陵人，在偶然中，穿过桃林尽头的一个山洞，然后发现了一处与世隔绝的世外桃源。

这个渔人虽然生活在水深火热的环境中，但是他是一个懂得生活情趣的人，甚至可以说他是一个钟情山水、喜欢欣赏美景的“高级渔夫”。

为什么这么说呢？首先，捕鱼本来是渔人的本分，但是文中渔人在捕鱼的时候并没有忽略身边的美景：绚烂的成片桃花、鲜美的连绵芳草……他非常惊讶，沉醉在这美丽的景色中，忘记了路的远近。

当他发现“山有小口”时，连维持他生计的那艘小船都可以“便舍船，从口入”。试想，那些为了生计天天去水里捕鱼的真正渔夫，他会把自己赚钱的工具丢掉吗？所以说，他不是一般的渔夫。

这片“世外桃源”土地平旷、屋舍俨然、阡陌交通、鸡犬相闻、民风淳朴，内有良田美池，外有桃林山水……这是这位渔人眼中的桃花源，也是呈现在我们眼中“乌托邦”式的桃花源。

在这里，“黄发垂髫，并怡然自乐”，不论是头发花白的老人，还是垂着辫子的小孩，看起来都很开心。

村中人看到渔人后，“问所从来”，渔人讲明自己的来历后，村中人就邀请他回家，款待他。没有任何的猜疑。

更为奇特的是，渔人一脚踏进桃花源，洞内的时间仿佛是静止的。他们自称祖先是躲避秦朝的战乱而来到这里，此后就再也没有出去过。“乃不知有汉，无论魏晋”，他们竟然不知道这世上曾经出现过汉朝，更不用说魏晋。里面的人们，没有计时工具，或者更准确地说，是根本就不打算计时。

渔人在桃花源住了几天就离开了，离开时，“处处志之”，他为了记路，悄悄地在沿途做了一些记号。原来，他之所以这么急着离开桃花源，是因为他迫不及待地想把自己的发现告诉别人。这渔人，一回到武陵郡，就把自己的经历告诉了当地的太守。

奇怪的是，无论是太守派的人，还是以后来像南阳刘子骥那样的名士，想再次寻找桃花源，却再也找不到了，“后遂无问津者”，后来再也没有人寻找这个世外桃源了。

本来，没心机的时候，就是“忘路之远近”的时候，天机就出来，可是一有心机，结果就“不复得路”。这就是陶渊明的“生活观”。只有内心质朴纯净，才能遇见美好的生活。

千年之后，这个奇妙的故事以绘画的形式再一次呈现在我们的面前。著名画家蔡皋用了足足五年时间，精心绘制了《桃花源的故事》。让人叹服的是，她的这个作品还被收入了日本的教科书。

如果你也在疑惑，为什么这个中国老奶奶可以把《桃花源记》的精髓展现得淋漓尽致，那么我们不妨一起去看看她的生活。

这位蔡奶奶在自己楼顶上，种满了各种各样的植物。绿萝，吊兰，紫藤，石榴，五角红，栀子花，迷迭香，仙人柱……蔡奶奶每日都从那像瀑布一样的紫藤下走过，从满架的牵牛花前走过，从墙根的栀子花前走过。这是尘嚣之上的楼顶，也是大隐于市的花园。

我很喜欢孟非说过的一句话：我们成不了科学家，成不了艺术家，我还不能成为“生活家”吗?

是的，美好的桃花源不用千辛万苦地去寻找，它其实就在我们身边。更确切地说，是在我们的手上，种下一棵桃花，用心去培植，就能长出一片桃园。

也许这个过程也会充满艰辛，但是我们也可以像当年的陶渊明一样，告诉自己：衣沾不足惜，但使愿无违。

《桃花源记》

陶渊明

晋太元中，武陵人捕鱼为业。缘溪行，忘路之远近。忽逢桃花林，夹岸数百步，中无杂树，芳草鲜美，落英缤纷，渔人甚异之。复前行，欲穷其林。

林尽水源，便得一山，山有小口，仿佛若有光。便舍船，从口入。初极狭，才通人。复行数十步，豁然开朗。土地平旷，屋舍俨然，有良田美池桑竹之属。阡陌交通，鸡犬相闻。其中往来种作，男女衣着，悉如外人。黄发垂髫，并怡然自乐。

见渔人，乃大惊，问所从来。具答之。便要还家，设酒杀鸡作食。村中闻有此人，咸来问讯。自云先世避秦时乱，率妻子邑人来此绝境，不复出焉，遂与外人间隔。

问今是何世，乃不知有汉，无论魏晋。此人一一为具言所闻，皆叹惋。余人各复延至其家，皆出酒食。停数日，辞去。此中人语云："不足为外人道也。"

既出，得其船，便扶向路，处处志之。及郡下，诣太守，说如此。太守即遣人随其往，寻向所志，遂迷，不复得路。

南阳刘子骥，高尚士也，闻之，欣然规往。未果，寻病终，后遂无问津者。

第四章

和谐的关系

1. 你的家庭氛围“有毒”吗

> 我们既不建议家长纵容孩子，也不建议家长惩罚孩子，我们建议家长学习如何成为孩子的合作者，有方法了解他们，有能力引导他们，这样的孩子既不会没人管变成野孩子，也不会感到家里压抑、令人窒息。
>
> ——鲁道夫·德雷克斯

几年前，国家出台了三孩政策。

生孩子之前，我们常常幻想着一家人在一起享受天伦之乐的场景，可到最后却发现，孩子父亲老缺席、孩子总是不听话。于是，知性优雅的小姐姐慢慢变成了怨天尤人的老怨妇。比如，你有没有说过类似的话：

“还在磨蹭什么，赶快写作业!”

“整天就知道玩手机，除了玩手机，你还会什么?”

“我为你付出了这么多，你怎么还是不争气呢?！”

“你和你爸一个样，没一个让人省心!”

我们常说，家是温馨的港湾，可有些家庭，却沦为了情绪的垃圾场。烦躁、委屈、失望、愤怒，这些看不见的“污染物”在家里蔓延，荼毒着每一位家庭成员的心灵。

面对孩子，我们为什么会爆发出这些负面的情绪呢？其实，很多时候是因为我们没有定位好自己的角色。

在孩子面前，你，除了是他的家长，还扮演着什么样的角色呢？领导？监工？债主？管家？还是服务员？这些统统都不对。那么，什么样的角色才是合适的角色呢？

为了解决这个问题，我想向你推荐这本书——《育儿基本 2：与孩子合作》。这本书告诉我们，做孩子的“合作者”，才是最佳选择。

这本书是由一对北大夫妻合力写出来的。作为学霸型家长，他们共同研读了数百本家庭教育和心理学著作，也共同养育了两个男孩。扎实的理论基础，加上十几年的成功实践，他们分享的育儿经验确实值得借鉴。

在他们看来，家庭教育不是管教，而是与孩子合作。

第一，合作，就是和孩子过有商有量的生活

良好的亲子关系，本质上是一种合作关系。双方的意愿，都需要得到表达和尊重，而不是孩子必须无条件地遵从父母。

比如，暑假快到了，这个时候就可以和孩子一起去了解，有什么地方可以去旅游，有什么夏令营可以参加，或者有什么课程可以学。了解完之后，听听孩子的诉求，然后共同商量决定暑假的安排。

倾听孩子的意愿，不用父母的权威碾压孩子，才能为孩子营造一个宽松、自由、愉悦的成长环境。而且这种环境，对孩子自我意识的发展、孩子的心智健康，显然更有益处。

第二，合作，就是变指挥为指导

指挥，就是仗着自己阅历丰富来对孩子指手画脚。

指导，就是放手让孩子试错，等孩子需要帮助的时候才提供建议。

比如，就以简单的吃饭拿筷子为例。有些家长见到孩子刚学拿筷子的时候，拿得不好，马上就迫不及待地纠正。“哎呀，筷子拿得离筷子头太近了！”“哎呀，筷子拿得离筷子头太远了！”

事无巨细地指挥孩子，只会削弱孩子的自信心和学习能力。正确的做法应该是，先让孩子自己尝试。多次尝试之后，如果成功了，孩子肯定会收获满满的成就感；如果没成功，孩子自然会向爸妈求助，这个时候父母稍加指导，孩子学会之后肯定会觉得，嗯，这真是个善解人意的好爸爸好妈妈。

第三，合作，就是给孩子提供展现价值的机会

我有一位家长很喜欢旅游，而她的做法是让儿子带着她旅游。她的儿子读初中的时候，每逢寒暑假前，她就会提供预算，让儿子提前策划一次亲子远途旅游。

尽管刚开始的时候，儿子的策划总是漏洞百出，但她从不抱怨，出问题的时候就帮忙一起解决。久而久之，儿子越来越热衷于帮忙打理家里的事情。

就这样，她收获了一个既阳光开朗、又爱家的小暖男。

人的价值就是这样，放在一边是看不到的，要行动起来才看得到。孩子为家庭付出的过程，是他展示价值的过程，其实也是他和这个家连接得更紧密的过程。

正如儿童心理学大师德雷克斯所言：“我们既不建议家长纵容孩子，也不

建议家长惩罚孩子，我们建议家长学习如何成为孩子的合作者，有方法了解他们，有能力引导他们，这样的孩子既不会没人管变成野孩子，也不会感到家里压抑、令人窒息。”

最后，我想说，我们不妨把孩子视为自己的“生命合伙人”，不谈谁必须服从谁，只像团队一样，共渡难关，携手建设一个幸福的家，一个温馨的港湾。

2. 为什么你的孩子不喜欢和你待在一起

> 放下你的手机，搁下你的工作，专心致志地和孩子好好地聊一聊八卦。这个过程，没有大道理，没有凌人的盛气，没有刻意的迎合；只有一颗耐心、一颗真心和一颗开放的心。

一位爸爸的苦恼

最近，有一位学生的爸爸很苦恼，找到了我。

他说，看了我的文章之后，意识到父亲对孩子的陪伴非常重要，于是他就常常抽空陪儿子，可是他的儿子总是不愿意和他待在一起。

他尝试过很多的方式，带儿子一起去打球、去旅游、去看电影、去吃自助餐，头几次儿子还挺愿意去，可后来怎么请都请不动了。

我知道他很不容易，其实他的工作很繁忙，为了陪伴这个正在读初中的儿子，他牺牲了很多上升的机会。

我也知道他很失望，自己一片赤诚，只为尽一份父爱，好好陪伴儿子成长，儿子却很不领情，把他拒之门外。

之后，我去问他的儿子。儿子也没说什么，只是反问了几句：

每次看完电影，都要让你谈感悟，连看一部动画片都要这样，你受得了吗？

打球就打球呗，还要摆出一副很在行的样子，对你的动作指指点点，你受得了吗?

好不容易去游乐场玩一次，那就尽情玩嘛，居然还在那儿嫌弃这个幼稚那个无聊，你受得了吗?

真相终于揭晓了。那位父亲错误的陪伴方式，让自己的孩子很反感。其实，对于孩子而言，他们在乎的不是陪伴的时间和次数，而是陪伴的质量。

接下来，我想和大家分享一下，如何高质量地陪伴孩子。

别讲大道理，一起聊八卦

很多家长一旦和孩子独处，就会习惯性地对着孩子讲关于学习、生活或者人生的大道理。恨不得将毕生感悟统统传授给自己的孩子。

而实际上，这并不是孩子想要的，他们也并不需要。在这个心灵鸡汤泛滥的时代，三观端正的道理随处可见。

可是，我们不妨想一想：在这个世界上，有多少成年人，懂得了很多道理，却还是过不好这一生?

讲道理，是一种低级的教育手段。

真正的教育高手，从来都是“润物细无声”的。道理，不能直接讲，只能间接渗透。怎么渗透呢？聊八卦。

我有一位学生就很喜欢和爸爸待在一起。他们家离学校很远，每次周末接送回家都要花一两个小时。路途遥远，可她一直都很享受。

原来，在回家的路上，她的爸爸会告诉她很多“劲爆”消息，比如电视剧《人民的名义》火了、林丹出轨了、有人被动物园里的老虎咬死了……

尽管这位爸爸一句道理都没讲，但是在讨论的过程中，孩子逐渐树立起正确的人生观、婚姻观和安全意识。

别倚老卖老，要平等对话

用讨论某一个事件的方式来代替讲道理，不仅可以达到更好的教育效果，还可以增进亲子之间的感情，这是一种非常值得提倡的教育方式。

可在生活中，有些家长在使用这种教育方式的时候，走进了一个严重的误区，那就是倚老卖老。

我曾经看到过一对父子讨论《奔跑吧，兄弟》。儿子本来是兴高采烈地复述着节目当中明星们相互撕名牌的搞笑情节，可父亲却突然冒出一句：

不就是一群人在那儿瞎玩嘛，现在的人真是无聊透顶了，这节目一点营养都没有，还看得津津有味。想当年，我们看的都是《东方时空》和《百家讲坛》，这种有深度的节目才值得看嘛！

好吧，话说到这个份上，孩子早已兴致索然。

不同时代，有不同的审美标准和兴趣爱好，我们不应该轻易用自己这一代的标准去衡量下一代。

用开放的心态去看待新生事物，会让我们收获更多新的见识。比如，我们可以虚心地向孩子请教，“二次元”是什么，为什么年轻人都这么喜欢“二次元”？

这样做，既能增长见识，又能增进感情，何乐而不为呢？

别刻意迎合，要真挚坦诚

我相信很多家长都能放下自己的架子，和孩子平等对话。可是，到具体实践的时候，又遇到问题了。

放下架子之后，有些家长会刻意迎合自己的孩子。这也是错误的做法。

有一对母女聊到了“周杰伦”。女儿很喜欢周杰伦，觉得他很帅也很有才华。母亲并不喜欢他，母亲喜欢的是刘德华。

女儿说，周杰伦很帅。母亲说：“嗯，我也这么觉得。”

女儿说，周杰伦的歌很好听。母亲说：“我也觉得挺好听的。”

于是女儿就问道：“那你觉得他的哪一首歌最好听呢？”

母亲支支吾吾答不出来，一段尴尬的对话就这样结束了。随之而结束的，是母女之间的信任。

你对孩子敞开心扉，孩子才会对你敞开心扉，这是一种平等的交换。

正确的姿态应该是，坦诚地告诉孩子，其实自己觉得刘德华更帅。你可以向孩子介绍自己那个年代对于“帅”的标准是什么，然后问问孩子，现在年轻人对帅的标准什么，为什么认为周杰伦帅?

说不定，经过孩子的一番介绍，你也会对周杰伦刮目相看，从此和孩子拥有更多的共鸣。这是一件多么幸福的事情啊！

告别冷暴力，共享暖温情

是的，如果父母能和孩子好好地聊一聊天，这一定是一件很幸福的事情。

好话一句三冬暖，恶语伤人六月寒。这就是语言的力量，它可以伤透人心，也可以暖透人心。

如果你想维系一段亲密和谐的亲子关系，让孩子健康成长，那就不要忽略语言的力量。

放下你的手机，搁下你的工作，专心致志地和孩子好好地聊一聊八卦。这个过程，没有大道理，没有凌人的盛气，没有刻意的迎合；只有一颗耐心、一颗真心和一颗开放的心。

3. 为什么你的孩子总喜欢和你作对

> 我们应该抛掉内心的那一句“我就不信我治不了你”，换成一句“我和孩子共进退”。面对自己的孩子，我们与其要一个听话的下属，不如要一个贴心的朋友。

繁花，暖阳，和风，好像冥冥之中有谁在用尽一切的力量，让熬过寒冬的众生享受这最美的时光。可是，在这美好的春光里，我却目睹了一对母女的争执。

一个五六岁的小女孩，在公园里玩耍的时候，摔了一跤，把自己的毛绒玩具弄脏了，开始大哭起来。

妈妈看着狼狈的女儿，马上开启了训斥模式，“叫你别乱跑，你不听话，你看，把玩具弄脏了吧，回家又要我给你洗干净，你以后再这么顽皮，我就不带你出来玩了！”

小女孩一听，悲伤变成了愤怒，手一甩，把玩具扔到了地上，“哼，不玩就不玩！我也不喜欢和你玩！”

女儿的反应让妈妈非常不满，于是妈妈指着地上的玩具，大声喊道：“你什么时候学会摔东西的？马上给我捡起来！”

“我不捡，你捡！”

“你在跟谁说话呢？你不捡是吧？那你就别跟我回家了！”

“不回就不回！”

妈妈见女儿竟然对自己如此无礼，于是开始用起了恐吓的手段，“好，那你就别回家了，留在这里，等坏人把你抓走！”

小女孩哭得更厉害了，她扯着妈妈的裤腿，带着乞求的眼神，反复说道：“妈妈，你捡，妈妈，你捡！”

“我不捡，你扔的东西，我不捡！”

“妈妈，你捡，妈妈，你捡……”

我作为一个路人甲，虽然有一颗八卦的心，却没有停止脚下的步伐，以至于我并不知道，最后到底谁捡起了那个脏兮兮的玩具。可是我知道，不管最后谁捡起了那个玩具，这两个都想在争执中获胜的人，都输了。

我在惋惜，春天的风景多美啊，我们却用争吵的方式挥霍了这美好的时光；我也在叹息，这对母女的内心，本来应该装满天伦之乐，如今却被愤怒和不安填满了。

这其实就是典型的“家庭权力之争”，在这场斗争里，父母常说“你应该”，孩子常说“我不要”。

“写完作业再看电视！”“我不！”

“别看电视了，快洗澡！”“我不！”

“时间到了，赶快睡觉！”“我不！”

面对孩子的抵抗，很多父母都会采取抱怨和恐吓的手段，“我跟你说了多少次了，你还是这样，你再这样，我就怎么怎么样啦！”

不管最后父母能不能得逞，亲子之间的“权力之争”始终属于家庭的内耗，是一场双输的战争。

那么，当孩子犯错的时候，我们怎么做才是科学合理的呢？

我想和你分享的第一个原则是：管理好自己的情绪，克服冲动反应。

我见过一些家长，眼里容不得沙子，孩子一犯错，马上就去批评。孩子一反驳，就骂得更狠，当大骂不起作用的时候，甚至还会动手打孩子。

这些家长以为这样做，就能树立自己的权威，可实际却恰恰相反，当他们开始动手打孩子的时候，其实已经在间接地向孩子宣告自己的无能——我说不过你，难道我还打不过你吗？

有的时候，家长打孩子，他只是在发泄自己的情绪，并不是在教育孩子。一个情绪失控的父母，怎么教好自己的孩子呢？一个连自己的情绪都管理不好的父母，又怎能管理好自己的孩子？为人父母的第一节课，应该是情绪管理课，学会克服自身的冲动反应。

我见过一位几乎从来没骂过孩子的妈妈，我问她："你女儿这么优秀，你应该很省心吧？"

她微微一笑，接着叹了一口气，说："你觉得这个世界上有让人省心的孩子吗？我女儿犯的错，一点都不少。我之所以不骂她，是因为我知道骂是没有用的。每次看到孩子犯错，我都会先深呼吸，然后提醒自己，一定会有更好的办法来教育孩子，等我冷静下来之后，办法就冒出来了。"

这就是理智战胜了情绪，只有理智的思考，才能给孩子提供正确的教育。

我想和你分享的第二个原则是：不卷入战争，或者及时退出战争。

之前过年的时候，我去探亲。亲戚家有个四岁的小男孩，家人都说这个小家伙啊，顽皮得很。我才没坐多久，马上就见识到了。

他从阳台那里拿了一把小扫把，笑哈哈地说他要扫地，然后走到我们面前，将扫把伸向了茶几，把茶几上的水果、点心扫了下来。

他妈妈连忙大声地喝止，“你这熊孩子，又来捣乱！别扫了，快把扫把给我！”

小男孩一脸的不屑，连声说道：“不给，不给。”

这时，他妈妈熟练地从沙发上抽出一根鸡毛掸子，“不给是吧？那我就好好地教训你一顿。”

小男孩见状，转身就跑了。你以为终于天下太平了吧，可没过多久，他又拿出了一个大脸盆，笑嘻嘻地说自己要吃火锅……

说到这里，不知道你看出来没有，就像有些人喜欢坐过山车、蹦极和跳伞一样，有些孩子觉得和父母作对也是一项惊险刺激的娱乐项目。小孩也许未必知道自己到底为什么要这样做，他只是觉得这样做很有乐趣。而我们家长要做的，就是断绝这种不健康的心理需求。

如何断绝呢？那就是避免和孩子产生冲突。一个巴掌拍不响，当孩子尝试着和你争夺权力的时候，你的反应应该是——不争。

有的家长可能会问：不争，那我这个家长的权威从哪儿来啊？不批评，那孩子怎么知道自己错在哪儿了？

别急，接下来我想和你分享的第三个原则是：扔掉敌对心态，保持温和的坚定。

最近在网上流传的一个泰国妈妈的教育方法，很值得我们借鉴。

五岁的儿子一大早就闹着不想上学，于是妈妈就干脆帮孩子请了一天的假，带他出门捡垃圾。

他们沿着马路去捡塑料瓶，开始的时候这孩子还挺兴奋，可是没过多久就喊累了。妈妈也没批评他，只是坚持着带他走了大半天，捡了一小袋的塑料瓶，去回收站那里换了两泰铢，两泰铢大约相当于人民币的四毛钱。

赚了钱的小男孩很高兴，对妈妈说想买冰淇淋。妈妈说："冰淇淋要 5 泰铢，我们钱够吗？"

又走了一段路，到了餐厅门口，小男孩说想吃燕麦。妈妈说，你想买啊，可是这要 15 泰铢哦。

小男孩很累了，想坐车回家，却发现自己辛辛苦苦赚回来的钱，连公交车都坐不起。

最后，又热又累的他，对妈妈说了一句"我想上学"。

在上述的这个教育的过程中，没有打骂声，没有亲子之间的冲突，母亲只是坚定地带着孩子去体验，体验错误选择所带来的后果。而这种体验，比千言万语更刻骨铭心。

是的，我们应该抛掉内心的那一句"我就不信我治不了你"，换成一句"我和孩子共进退"。面对自己的孩子，我们与其要一个听话的下属，不如要一个贴心的朋友。

所以，今后当我们再看到孩子犯错的时候，我们应该先控制好自己的情绪，抛掉你的敌对心态，然后用温和的姿态给孩子创造一个从错误中成长的机会。最后坚定地告诉孩子：我很爱你，但有一些原则和规则是大家都必须遵守的。

只有这样，我们才可以——不负美好时光，尽享天伦之乐。

4. 吃年夜饭时，那个坐在角落玩手机的孩子

> 人的价值就是这样，放在一边是看不到的，要行动起来，才看得到。孩子为家庭付出的过程，是他展示自我价值的过程，其实也是他和这个家连接得更紧密的过程。

前几天，有一位家长朋友来找我诉苦。

除夕夜，他们一大家族的人在家里吃年夜饭。十几个人围着一桌美味佳肴，边吃边聊，其乐融融。唯独她的儿子，匆匆忙忙地吃了几口之后，就一个人孤零零地坐在旁边的沙发上，埋头玩手机。

她命令儿子放下手机，过来和大家一起吃饭。儿子头也不抬一下，不耐烦地回了一句“我吃饱了”。

看着这个“不合群”的儿子，她的内心燃起了熊熊怒火，要不是正值除夕节，她肯定会狠狠地批评儿子一顿。

我问：“那他平时和你们一起吃饭吗？”

她回答：“他平时也不太喜欢和我们一起吃饭，但是我没想到，他连家族的聚餐也不参与！”

后面继续聊，才发现原来他们对儿子的期待其实很“简单”——只要儿子能好好读书，考个好成绩就可以了。所以一家人吃饭的时候，经常谈论的话

题，就是成绩。

平时，为了让儿子更专心地学习，他们几乎从来不让儿子做家务。可以这样说，学习以外的所有事情，都不用孩子操心。

“我们都做到这个地步了，他的成绩怎么就总是上不去呢？”

是啊，父母都已经操办了学习之外的所有事情，他怎么就不领情，他怎么就考不好呢？

这个问题，只有从孩子的角度去思考，才能回答清楚。对于孩子而言，父母对他的唯一期望是“好成绩”，这会让他形成一个观念：我唯一的存在价值，就是学习，只有分数才能衡量我的价值。

这种观念是很可怕的。尖子生总是少数，大部分孩子都算不上尖子生。当价值感建立在成绩之上的时候，他们很容易会否定自己的存在价值。

在家里找不到存在价值，他们就会对这个家失去归属感。

吃年夜饭的时候，那个男孩为什么躲在一个角落里？也许他觉得，这一切都与他无关，他甚至会认为，成绩不好的他，没有资格成为这个家族的一员。

建立在分数之上的价值感，是很脆弱的。如果你想培养出内心强大、积极进取的孩子，那就应该让他的价值感建立在家庭和社会之上——告诉孩子，这个家和这个社会都很需要他。

如何让孩子感受到这个家需要他？其中一种很简单的做法，就是让孩子做一做家务。尽管如此简单，但其实还是会有不少父母反对，因为他们觉得孩子做家务，总会给自己增添很多麻烦。

我曾经问过一位家长：“为什么不让孩子做家务？”

家长回答：“他总是做不好啊！让他洗碗，每次都洗不干净，最后还要我再洗一遍。”

畅销书《孩子：挑战》的作者鲁道夫曾经指出众多父母的错误：我们通常无心地通过讲话语气、行为动作，让孩子们觉得自己无能、没用、做不了大事情，并且他们低我们一等。

你看，我们身边是不是有这样的父母：一个三岁的孩子正在自己穿衣服，准备和妈妈一起出门买东西。妈妈说：“宝贝，你过来，我帮你穿，你穿得太慢了。”

别嫌弃孩子做得不够好。我们要做的，更应该是慢下脚步，等一等孩子。就像某本书里写的那样：

“我在石阶上坐下来，看着这个五岁的小男孩，还在很努力地打那个蝴蝶结：绳子穿来穿去，刚好可以拉的一刻，又松了开来，于是重新再来；小小的手慎重地捏着细细的草绳。淡水的街头，阳光斜照着窄巷里这间零乱的花铺。我，坐在斜阳浅照的石阶上，愿意等上一辈子的时间，让这个孩子从从容容地把那个蝴蝶结扎好，用他五岁的手指。”

除了家务之外，其实我们还可以给孩子创造很多展示自身价值的机会。

在真人秀节目《妈妈是超人》里，马雅舒的老公詹姆斯的做法就很值得我们借鉴。

有一天，他们要出远门，行李很多，于是詹姆斯就把其中一个行李箱交给小儿子负责。小儿子爱登只有两岁，行李箱比他还要高。在候机大厅里，小儿子推着高高的行李箱缓慢前行，脸上满是自豪。

再比如，我有一位家长很喜欢旅游，而她的做法是让儿子带着她旅游。她的儿子读初中的时候，每逢寒暑假前，她就会提供预算，让儿子提前策划一次亲子远途旅游。

尽管刚开始的时候，儿子的策划总是漏洞百出，但她从不抱怨，只是出问题的时候就帮忙一起解决。久而久之，儿子越来越热衷于帮忙打理家里的事情。

就这样，她收获了一个既阳光开朗、又爱家的小暖男。

人的价值就是这样，放在一边是看不到的，要行动起来，才看得到。孩子为家庭付出的过程，是他展示自我价值的过程，其实也是他和这个家连接得更紧密的过程。

5. 一对母子互斥对方有病，到底谁有病

> 我们身边有不少这样的例子，父母深爱着自己的孩子，却走上了一条错误的道路。在这条道路上，爱得越用力，错得越离谱。

先和大家分享纪录片《变形计》里面的一个片段。

临近中午，一个十五六岁的男生还在房间里睡觉。母亲过来催他起床吃饭。男生躺在床上说，他不想吃饭。

母亲说："你今天一天都没吃东西了。"

男生回答："我说了不想吃啊！你怎么就没完没了呢？你出去！"男生起床，把母亲赶出了房间，锁上门，继续睡。

被拒之门外的母亲依旧没有死心，一边敲门一边问："你要吃什么，我去帮你拿。"

面对母亲反反复复的催促，男生的情绪近乎崩溃，他在房间里大喊："天啊，我说了不要，我真的不要，天啊，你到底要怎么样啊，没完没了了啊！"

过了一会，母亲又来敲门，"吃一点吧。"

这个时候，男生已经显得极度不耐烦，或许他是真的饿了，这次他很不情愿地走出了房间，直接用手抓起饭菜就吃。

母亲看着男生龌龊的吃相，责骂的话又脱口而出："神经病呀。"男生一

听，怒火烧心，把饭菜扔到地上，气呼呼地冲回了房间里。

母亲蹲下身子，一边收拾地上的饭菜，一边埋怨自己的孩子“神经不正常”。而房间里，男生也在埋怨自己的母亲“有病”。

母亲说儿子有病，儿子说母亲有病。到底谁有病?

其实，应该是这个家有病。当一个家有病的时候，家里的每一个人才会看上去都有病。

之所以说这个家有病，是因为这个家的亲子关系陷入了相互抵触的恶性循环。

母亲无法容忍孩子的错误，于是常常对着孩子批评、唠叨；孩子面对母亲的负面情绪，感受不到一丝母爱，于是处处和母亲对着干；母亲面对叛逆的孩子，愈加不满，批评和唠叨的频率越来越高，然后，孩子变得越来越叛逆……

一对母子，就这样，在错误的道路上越走越远。

我们身边有不少这样的例子，父母深爱着自己的孩子，却走上了一条错误的道路。在这条道路上，爱得越用力，错得越离谱。

几年前的一则新闻，我至今记忆犹新。一个大学生在日本留学，放假期间回国，母亲到机场接他。一见面，这个大学生就伸手向母亲要钱，母亲没有马上给，他竟然就拿出一把刀，连刺母亲九刀。

这个一直深爱着儿子的母亲，从小对儿子有求必应，竭尽所能地满足儿子的一切要求，尽管家境并不宽裕，依然举债供儿子去读国外昂贵的私立大学。

没想到，这个用溺爱养大的儿子，被膨胀到无以复加的欲望撑破了自己的良知，最终对母亲痛下狠手。

追根溯源，我们会发现，这对母子早已陷入了亲子关系的恶性循环：孩子有要求—母亲无条件满足—孩子提出更高的要求—母亲抱怨—孩子生气—母亲妥协—孩子继续提出更高的要求。

亲子关系陷入恶性循环，是如此的可怕，可是，我们在生活中又常常深陷其中而不能自拔。为什么会这样？因为我们经常不知道自己早已陷入了恶性循环之中。

我曾经向一位母亲反映孩子的心声："你知不知道孩子觉得你很啰唆？"

这位母亲一脸无奈，回答道："我知道，可是我也没办法呀，他总是听不进我的话，所以我只能多说几次，多说几次，他总有一次能听得进去吧？"

实际上，这个孩子不仅没有听进一句话，还开始拒绝和母亲交流——他一句话都不想和母亲说。

现在问题来了：亲子关系陷入恶性循环，很可怕，但又不容易察觉，我们该怎么办？

我们要学会用"旁观者视角"来审视自己的亲子关系。

正所谓"不识庐山真面目，只缘身在此山中"，想要看清自己的亲子关系，就要跳出自己的视角，从一个外人的角度来观察。

我们可以想象自己在看一部电视剧，自己和孩子就是剧中的人物。回顾剧情，分析一下人物的关系存在什么问题。

人性的特点就是这样，我们不容易察觉自身的问题，却往往能够轻易地指出别人犯下的错误。如果我们切换一下视角，也许就能看清自身的问题。

看清问题之后，该怎么办呢？接下来我们就可以使用"角色扮演法"——想一想，假如一对优秀的父母遇到了这样的问题，他们会怎么解决呢？

我们都知道，每一个班级里，会有领先的学生，也会有落后的学生，而且落后的学生总是占大多数的。

当其中一个成绩落后的学生，恰好就是自己的孩子的时候，我们的第一反应，通常就是无法接受，进而逼着孩子去学习。

孩子被逼着学习，自尊心受挫，然后就产生更严重的厌学情绪，于是孩子的成绩变得更差，孩子的成绩越差，我们越紧张，对孩子逼得更紧，孩子更厌学。

如果恰好你也陷入了这样的恶性循环，就不妨来借鉴这位优秀的母亲是怎么做的：

我认识一位母亲，她从小就努力让女儿上重点小学和中学，但是女儿的成绩一直在班上的最后几名。

女儿的英语和语文学得不错，可是对数学一窍不通，上了高中之后，理科更是一塌糊涂。

在女儿参加完高二会考、确认能够拿到毕业证之后，为了充分发展女儿的优势，她决定送女儿去上海的国际学院学服装设计。

两年后，年仅 19 岁的女儿，学业扶摇直上，她自己设计的制服被上海的一家五星级酒店采纳了，她还正在筹备着去参加上海的时装周。

只是换了一个地方，她的女儿不仅从一个学渣变成了学霸，还找到了一条极佳的人生发展道路。

难道我们不知道还有这样的路可以选择吗？其实我们都知道。可是我们为什么不去做呢？是的，我们不敢轻易去尝试。

我们会想：万一失败了怎么办？万一被人笑话怎么办？

换一换场景，有时，我们不敢对溺爱已久的孩子放手；有时，我们不敢放下自己所谓的威严，和孩子打成一片；有时，我们不敢放下手头上的工作，留点时间好好陪伴孩子。

其实，我们不是没有找到解决问题的方法，而是缺乏改变的勇气。

如果你真的深爱着自己的孩子，那就请亮出你的勇气。

6. 你们都在谴责，谁来同情这群“叛逆”的孩子

> 孩子成长路上，最好的礼物，不是他心仪已久的玩具，不是一顿美味的大餐，也不是一个优质的学位，而是一个和谐而温暖的家。

“我受够了。”清晨，一个母亲坐在沙发上抱头痛哭。

在此之前，她为 17 岁的儿子准备了一杯牛奶，端到了儿子房间的桌子上。

被窝里的儿子很不耐烦，大声叫母亲“滚出去”，见母亲迟迟不愿离开，他二话不说，起身拿起那杯牛奶，狠狠地摔到地上。玻璃碎了一地，牛奶洒了一大片。暴躁的儿子锁住了房间的门。

尽管儿子摔了牛奶，但母亲还是耐着性子，做了满满一桌的饭菜。等做好饭菜时，母亲却犹豫了。她害怕再次惹怒儿子，可是她又担心儿子饿坏肚子。最后，她敲响了儿子的房门。

房门另一边，回应的却是一句——“别烦我，滚！”

母亲反复叮嘱孩子出来吃饭。不久之后，儿子出来了，带着满脸的厌烦，一把推开母亲。母亲扯住儿子，儿子用力推开母亲，他们就这样，在愤怒中相互拉扯。

怒不可遏的儿子一把推倒了母亲，然后转身离开；留下一个万念俱灰的母亲，在沙发中抱头痛哭。

这个对母亲大打出手的孩子，就是近期播出的纪录片《变形计》当中的“叛逆”少年。

看完这个劣迹斑斑的“小恶魔”之后，我想向你介绍另外一位待人贴心的“小暖男”。这也是一位参加《变形计》节目的男生。根据节目组的安排，他要去另外一个家庭，暂时充当别人的儿子。

这户家庭里，有一个读小学低年级的女孩。今天下午，这个男生有一项任务，就是去学校接这个新“妹妹”回家。路途遥远，再加上人生地不熟，男生迟到了。来到学校的时候，全校就只剩下妹妹一个人。

妹妹生气了。面对这个陌生的新哥哥，年幼的妹妹既恐惧、又不满，于是开始大哭起来。妹妹一路走，一路哭，男生一路哄，一路劝。回家的路，走了整整两个小时，男生就极其耐心地哄了妹妹整整两个小时。

回到家之后，男生为了拉近和妹妹的距离，他烧起了炉火，亲手煮面给妹妹吃。

还有比这更有耐心、更贴心的哥哥吗？这简直就是一个充满正能量的“小暖男”好吗？

同样的年纪，一个是“小恶魔”，另一个是“小暖男”。

当你在感叹“人与人之间怎么差别这么大”的时候，我想告诉你一个让人匪夷所思的事实——上面提到的这两个男生，其实是同一个人。

这个男生叫陈新颖。

在陈新颖对母亲大打出手之后不久，他参加了《变形计》节目，去偏僻、落后的山村里面生活 15 天。

在镜头前，他毫不避讳地用脏话来埋怨，埋怨节目组“惨无人道”的安排，让他承受如此艰苦的生活。

可是，面对一个哭泣的小女孩的时候，他却马上变成了一个既耐心又贴心的好哥哥。

同一个人，为什么会出现这么巨大的反差？

原来，陈新颖在小学时，曾经是个品学兼优的孩子。可是，在他 13 岁的时候，他的父母就因为感情不和而离了婚。而让他难以接受的，是父母在离婚一个月之后，他才最后一个知道这个消息。没有任何一个人问过他的感受，也没有一个人问过他想跟谁。

一对父母，就这样自私地瞒着孩子离了婚。

让他更难以接受的，是母亲一直以父亲行为习惯恶劣为理由，阻止他去联系自己的父亲，甚至连爷爷奶奶也不能见。可怜的陈新颖，小小年纪，就被断绝了和父亲之间的联系。

更可怕的是，母亲工作忙碌，经常不在家。别的孩子回到家，通常都是一家三口在一起吃饭，而他，从五年级开始，就常常是一个人在家吃饭。

你可曾想过，一个少年在空荡荡的屋子里，坐在饭桌前孤零零地吃饭，那是一种怎样的悲凉？你可曾知道，一个弱小而无助的心灵，在夜深人静的时刻，躲在冰冷的被窝里偷偷哭泣的伤痛？

他能不痛恨自己的母亲吗？

为什么他会对那个哭泣的妹妹，给予极度的耐心？因为他深切地体会过，那种被抛弃的感觉。

人之初，性本善。当我们看到一个少年变得无比“叛逆”的时候，我们有没有认真想过，这到底是谁的过错？

也许最近播出的央视纪录片《镜子》，可以给我们提供一些更深刻的答案。

这部号称中国首部深度探讨家庭情感教育的纪录片，带着我们走进了三个“问题孩子”的家庭。这三个孩子都因为极度的“叛逆”而停止了学业，他们的父母无奈之下，选择了送孩子去一所特殊的培训机构，接受营地的“改造”。

看完整部纪录片之后，我惊讶地发现，这三个孩子的成长环境，竟然是如此的相似。

第一个孩子，叫张钊，是一个来自衡水二中的高中生；早恋，交过多个女朋友，平时也经常在学校打架。回忆起自己的父母，他说，自己很少看到爸爸笑的表情，爸爸和妈妈在一起的时候，除了吵架就是吵架。爸妈和他在一起的时候，除了看电视，还是看电视。

第二个孩子，是一个 16 岁的男生，叫家明。他无心上学，经常叫嚣着自己要离开这个家，去流浪。他为什么会这么厌恶这个家？我想，纪录片里，他父母吵着离婚的情景足以解释这个问题。

第三个孩子，叫泽请，是一个 14 岁的初中生，一个沉迷于在网上玩军棋而不愿意上学的孩子。虽然他的年龄最小，他的谈吐却显得最为老成。在接受采访的时候，他平静地说，我觉得实际上要在这个训练营里待上 81 天的，应该是父母。

当你在纪录片里，看到他的父母在互相埋怨的时候，我想，你也会十分认同这个孩子的观点。

今天我们提到的所有“叛逆”的孩子，他们无一例外，都是成长于一个不和谐的家庭。从小，他们就在父母的吵闹声和埋怨声中长大，他们的心灵是在长期的煎熬中发育成长的。

如果把孩子比喻成一棵树苗，那么，家就是孩子成长的土壤。而在这一块土壤里，如果充斥着各种各样的毒素，这棵树苗又怎能健康地成长呢?

我们常常能听到，身边的人在肆无忌惮地指责某某孩子如何如何叛逆，却很少有人能意识到，那些所谓的“叛逆”的孩子，他们曾经承受过怎样的痛苦。

孩子成长路上，最好的礼物，不是他心仪已久的玩具，不是一顿美味的大餐，也不是一个优质的学位，而是一个和谐而温暖的家。

7. 幸福家庭的终极秘诀

> 夫妻之间深深地相爱，其实也是对孩子表现出另外一种独特而且重要的关爱，相爱的父母可以给孩子创造一个更幸福的家庭氛围，也让孩子拥有更广阔的成长空间。

最近我有一位朋友出嫁了，她嫁给了一个非常爱她的男人，她的男人也很爱她。

因为他们实在是太恩爱了，恩爱到什么程度，他们几乎是每时每刻都在牵着手，以至于我们身边的所有人都非常坚定地认为，他们的婚后生活一定会非常非常幸福。

可是，现实总是充满了意外，他们新婚之后没过多久就闹起了矛盾。怎么就吵起来了呢？原来啊，是女方提出要和男方的父母分居，男方觉得自己的父母并没有犯错，不应该和他们分居。

说到底，原来是婆媳之间闹矛盾了。又是婆媳矛盾。我本以为我那个脾气超好、几乎没有骂过人的朋友不会和自己的家婆闹矛盾，到最后竟然也不可避免地陷入了这种传统的矛盾之中。

听到这里，也许会有人产生一个这样的疑惑：难道全世界的家婆和媳妇之间都存在着不可调和的矛盾吗？

关于这个问题，我想向大家介绍一本书，这本书就是由著名的心理咨询师武志红写的《为何家会伤人》。这本书刨根究底，为我们揭开了婆媳矛盾背后的问题根源。

那么，婆媳矛盾的根源是什么呢？是丈夫背后有一个不愿放手的母亲。是的，一个不愿放手的母亲，这一类母亲，她们深深地爱着自己的儿子，她们对儿子的爱远远地超过了对自己丈夫的爱，而问题的症结就在这里。

更爱儿子，还是更爱丈夫，这是一个非常关键的问题。在儿子和丈夫之间，如果母亲更爱儿子，这其实是不健康的家庭关系。

这个观点听起来有点难以接受，为什么呢，很多的母亲都会这样想：丈夫只是自己的配偶，可是儿子呢，是自己的亲生骨肉，我怎么能不更加深爱他呢？

如果认真留意的话，我们还会发现一种很常见的规律：家婆在以前做媳妇的时候，因为受到了自己家婆的严重排挤，一直无法融入她以前的家庭里面，她倍感孤独。

直到儿子出生后，她发现儿子是她唯一的情感依靠，于是，她自然而然地和儿子建立起最为亲密的关系，而丈夫就变成一个可有可无的人。这种情况下，她更加不能接受与儿子的分离。

然后再然后，这个曾经受到家婆排挤的女人，最后竟然也变成一个排挤儿媳妇的家婆。

这就是中国众多家庭中常见的一种恶性循环。怎样才能让这种恶性循环停止呢？最科学的方法就是要把夫妻关系放在家庭里的第一位。《为何家会伤人》这本书的作者向我们介绍了“健康家庭第一定律”——如果夫妻关系是家庭的核心，那么这个家庭就会稳如泰山。

现在不是有一句话非常流行吗？“世界上最好的家，是爸爸爱妈妈。”其实说的就是这个道理。

夫妻之间深深地相爱，其实也是对孩子表现出另外一种独特而且重要的关爱，相爱的父母可以给孩子创造一个更幸福的家庭氛围，也让孩子拥有更广阔的成长空间。

有一个既普通、又非常重要、却常常被忽略的教养守则：父母和孩子之间的感情应该是绵长而饱满的，但对孩子生活的参与程度必须递减。

父母对孩子的爱，不是对孩子恒久的占有，而是一场得体的退出。

我们不妨回想一下，从孩子脱离母体开始，整个成长过程就是不断地脱离：脱离乳房独自吃饭，脱离怀抱独立行走，脱离监护单独外出，脱离供养自己赚钱，脱离支配发展自我，脱离家庭组建另一个家庭。

父母从第一亲密者的角色中逐渐退出，让位给孩子的伴侣和他自己的孩子，由“当事人”变成“局外人”。最后是父母走完人生旅程，彻底退出孩子的生活。

所谓“分离”，并不是慢慢放弃对孩子的关爱，而是慢慢调整关爱的方式。当孩子从稚嫩走向成熟的时候，我们也应该松开双手，让孩子飞出一片更广阔的天地。

当然，就算是全心全意关爱孩子，也不意味着需要丢失自己。爱孩子的父母也可以穿得漂亮、帅气，吃得优雅，玩得尽兴。爱孩子的父母也可以进行甜蜜的约会。

如果一个父母除了工作或家务没有其他爱好，没有朋友，不爱逛街、不爱看书、不看电影，不懂时尚，那么很可能他的唯一爱好就是全面参与孩子的生活，这会使得分离变得分外困难。

不愿分离的父母往往会以一个苦情妈妈或者爸爸的形象出现，从年轻到老都活得苦兮兮的，这会让孩子难过和歉疚，对他的成长和幸福并没有好处。

所以，不要做苦行僧式的父母，要做享受人生的父母。只有父母活得幸福快乐，孩子才能真正幸福快乐。

节日即将来临，你有多久没有给你的爱人送一份温暖的礼物了呢，你又有多久没有给爱人制造一份甜蜜的惊喜了呢？赶快行动起来吧，准备一份礼物、一次惊喜，然后拉起你爱人的手，一起创造一个幸福满满的家！

8. 你真的懂得如何爱你的伴侣吗

> 婚姻到底败给了什么？是琐碎的生活，养育儿女的矛盾，还是经济的压力？诚然，这些都是不可忽视的重要因素，但其实最重要的原因也许是夫妻之间不懂得如何去爱对方。

2020 年初，国内疫情逐渐缓和，很多人都以为我们国家将会迎来“报复性消费”，结果没想到，我们最先看到的却是“报复性离婚”。3 月初各地婚姻登记处陆续复工之后，很多城市的离婚预约天天爆满，比如广州和深圳，最近一个月内的离婚预约号都已经抢光了。

本以为现在最抢手的是口罩和消费券，没想到更抢手的是离婚预约号。

疫情把我们关在了家里，按理说，这是一次非常难得的享受天伦之乐的好时光。以前总说工作忙，没时间关注另一半，现在突然获得了这么多空闲时间和另一半相处，可为什么反而更讨厌对方了呢？

对于这个现象，有人是这样解释的：

“腻在一起三天，你侬我侬；腻在一起七天，你烦我烦；腻在一起三十天，妻离子散。”

看上去婚姻似乎败给了时间，真的是这样吗？当然不是。我们身边“白头偕老、至死不渝”的夫妻还是不少的。婚姻到底败给了什么？是琐碎的生活，养育儿女的矛盾，还是经济的压力？诚然，这些都是不可忽视的重要因素，但其实最重要的原因也许是夫妻之间不懂得如何去爱对方。

比如，我知道有一对夫妻的情况是这样的：妻子很贤惠，洗衣做饭带孩子，把家庭照顾得无微不至。她也很体谅丈夫，知道丈夫忙，在公司吃得不好，平时会花很多时间和精力给丈夫做丰盛的晚餐。此外，她还会经常送礼物给丈夫，比如一条精致的领带、一件舒适的 T 恤。然而，对方却不领情，不是嫌弃饭菜太多就是吐槽妻子浪费。可怜的妻子时常暗自哭泣，觉得丈夫一点都不爱她。

而在另一边，丈夫踏实勤奋，为了给妻子和孩子更好的生活，他努力工作。每天带着疲惫的身躯回到家，他最期待的是和妻子坐下来一起看看电视、听听歌，而妻子却一直在忙着做饭。此外，丈夫还注册了微信公众号，用心地写了不少文章，可妻子一篇都没有看过。失望的丈夫觉得很孤独，变得越来越不想回家。

这对夫妻的相处模式，你是否似曾相识？难道这个妻子不爱丈夫吗？难道丈夫不爱妻子吗？爱啊，他们都深爱着对方。可是，为什么他们都感觉不到来自对方的爱呢？

问题的症结就在于，他们都没有用对方喜欢的方式去爱对方。这就好比别人非常口渴，很想喝杯水，而这个时候你却塞给他一个馒头，因为你自已肚子饿了，觉得别人应该也很饿。

在婚姻自由的今天，我相信，大部分夫妻都是因为爱情走到了一起，我也相信，他们从一开始就想好好一直爱着对方。遗憾的是，错误的相爱方式让两个本来相爱的人渐行渐远。

那么，这个病还有得救吗？当然有。

想要治好这个病，最重要的，就是要学会判断你的爱人最喜欢别人用什么样的方式来爱他。

我们该如何判断呢？今天，我想向你推荐这本全球婚恋辅导的经典之作——《爱的五种语言》。看完这本书之后，你一定能收获到很大的启发。这本书连续17年名列《纽约时报》畅销排行榜，全球销量突破一千万册，被译成50国语言，曾帮助过无数人的婚姻从危机当中扭转局面，重获幸福生活。真的这么神奇？我们一起来见识一下吧。

这本书将人与人之间爱的方式划分为五种基本方式，这五种基本方式就相当于五种爱的语言。他们分别是：肯定的语言、精心的时刻、用心的礼物、服务的行动、身体的接触。

下面我来为大家分别简单介绍一下这五种基本方式。

第一，肯定的语言。有些人是很喜欢被别人表扬的，而且总不会厌倦，比如我老公。有一段时间，他在家里部署了一套智能家居系统，那段时间，我一天可以在家里赞叹一百次“哇哦，真的好神奇”“真的好方便”“你好厉害哦”，而他每次都表现出一副第一次听到别人表扬的惊喜模样。

没错，如果你的另一半喜欢被别人表扬，那就不要吝惜你的赞美，抓住任何一次机会去赞美他吧。

第二，精心的时刻。有些人更需要陪伴。面对这类人，你送名牌包包、钻石项链、九千九百九十九朵玫瑰，他都未必会开心。但是，如果你花半个小时认认真真地陪他聊聊八卦、听他倒倒苦水，他反而会欣喜若狂。

如果你的另一半是这类人，那你就太幸福了。为什么？省钱啊！陪他散一次步，就相当于省了一个包的钱，你说幸不幸福？

第三，用心的礼物。有些人觉得，爱是有载体的，而这个载体就是礼物。他们非常享受收到礼物那一刻的惊喜。如果你的预算比较充足，请记得“礼多人不怪”；如果你的预算比较有限，那就别忘了“礼轻情意重”；如果你的预算已经透支，那就把自己当做礼物送给对方吧。只要是用心的，就算是一块形状独特的石头，也能传递满满的爱意。

第四，服务的行动。有些人觉得，生活总有忙不完的琐事，如果有人能帮一帮他，他就会觉得无比幸福。比如，给他做一顿美味的晚餐、帮他去办一些烦琐的手续、帮他按摩一下筋骨。对于这类人而言，世界上最好听的一句话就是：“你别动，让我来。”

第五，身体的接触。有些人觉得，爱要用亲密的举动表达出来。比如，早上起床后，给他一个大大的拥抱，再温柔地亲吻他的额头，他就能幸福一整天，这个感觉真的很棒。别问我是怎么知道的。对于这类人而言，不需要过多的言语，也不需要贵重的礼物，你只需要牵着他的手，就能轻轻松松地走向幸福的下一站。

好了，爱的五种基本方式已经给你介绍完了。

人们常说“相爱容易相处难”，难，是因为用错了方式。如果我们能对照这五种基本方式，去判断出爱人最期盼的被爱的方式，然后用这种方式去爱他，那就一定可以幸福地白头偕老。

这一份幸福，不仅会让夫妻两人持续享受到爱情的甜蜜，还会让孩子受益终身。毕竟对于孩子而言，世界上最好的家，就是爸爸爱妈妈。

9. 夫妻吵架时，求胜欲只会让你输

> 遇到分歧，听对方讲话的时候，我们不妨反问一下自己：我到底是为理解而倾听，还是为反驳而倾听呢？

你的婚姻生活有没有出现过这种情况：婚姻生活刚开始的那段时间，极少吵架，即使吵架，也吵得像打情骂俏。渐渐地，生活变得琐碎、复杂，分歧也因此不断滋生，夫妻间吵得越来越频繁，大家各持己见，求胜欲极强，都企图用自认为睿智的语言去点醒对方。可到最后，谁也没有说服谁，只留下两个疲惫落寞的身影。

如果你也曾身陷如此困境，不妨看看《看见孩子》这本书。没错，这是一本刚出版不久的育儿书，但它确实可以帮助我结束争吵、重返往日甜蜜。

作者在书中列举了十条育儿准则，而其中一条就是与处理矛盾有关的准则。关于争吵，作者是这样说的："构筑牢固关系的前提是双方共同认定没有谁绝对正确，因为人在关系中的安全感来自理解，而非说服。""对于纷繁的世事，没有唯一正确的解释，只有不一样的体会和视角。"

我们总觉得一段争吵，总该有个输赢，要么我说服你，要么你说服我，如果谁也说服不了谁，那就只能不欢而散。而实际上，当我们试图去说服别人的时候，就是在忽视别人的经历和感受。

要知道，即使同住一个屋檐下，不同的人也会有不同的视角、经历和感受。夫妻间存在分歧，这是无法避免的客观事实，既然如此，在沟通时我们就应该有意识地多问问对方：“其实你当时心里是怎么想的？为什么会这样想呢？”不抬杠，用真诚的心态去了解对方的经历，只要相互之间还有爱，所有的矛盾都会化解为体谅和感动。

遇到分歧，就积极去了解对方的想法，同时接纳许多看似对立的想法和感受，明白自己可以同时体验多重真相，这就是作者所谓的“真相不唯一”的互动模式。这种互动模式，既适用于夫妻之间，也适用于亲子或家人之间。你觉得榴莲香，我认为榴莲臭，榴莲香是真相，榴莲臭也是真相，这两个真相看似矛盾，但并不妨碍我们成为相亲相爱的一家人。

习惯使用这种互动模式相处的家庭，所有人都会感觉到自己被看见了，而“看见”，正是建立美好关系的起点。伴侣被“看见”，内心就会注满暖暖的幸福感；孩子被“看见”，就拥有了不断改善自己的能量。这就是“看见”的力量。

所以，今后如果再遇到分歧，听对方讲话的时候，我们不妨反问一下自己：我到底是为理解而倾听，还是为反驳而倾听呢？

最后，把一句话送给你：“健康就是能够身处多种现实之间，不忽视其中任何一种，就是既能走进许多人的内心，又能拥有独立的自我。”

第五章

科学的方法

1. 如何科学地做个懒家长

> “纠正孩子”这件事本没有错，但就怕那些勤勤恳恳的家长不断地给孩子纠错。高频率的负面关注恰恰是孩子出现各种问题的原因，因为它严重干涉了孩子的自我发展。

假如一群家长聚在一起聊教育，你觉得什么样的家长说什么样的话最扎心?

那肯定是学霸的家长在被众人请教育儿良方的时候，风轻云淡地丢出一句:“咳，我也没什么方法可分享的，我平时都没怎么管他。”你说气不气人，扎不扎心?

“论教育孩子，我们勤勤恳恳，凭什么最后却比不上那些懒懒散散的父母?”

其实，有没有一种可能，即使对于负责任的家长来说，勤奋也未必是件好事呢?

对于这个问题，复旦大学家庭发展研究中心的沈奕斐教授早已有所研究，她还将自己的研究成果写成了一本书——《做对“懒”爸妈，养出省心娃》。

沈教授曾经对中西方的家庭教育进行过对比研究，她发现：西方的“问题孩子”背后往往是不负责任的家长；而在中国，大部分孩子的问题反倒是由那些殚精竭虑、很负责任的家长亲手造成的。

而导致这种局面的根源，就在于我们既过度关注孩子的缺点，还急于代替孩子去解决问题。

例如，80 后父母特别推崇“温柔纠错”的教育方式。一方面，他们意识到了过去自己父母那种粗暴的教育方式不对，这是个巨大的进步；但是另一方面，在学习了各种育儿理论、看过很多鸡汤文后，他们开始用心平气和的方式告诉孩子怎么做事才是对的，比如对人要有礼貌、做事要有条理、做作业的时候要专心、做题的时候要细心、练习弹琴的时候要有耐心、吃饭要细嚼慢咽、写字要横平竖直等。

听到这里，不知道你发现问题没有，“纠正孩子”这件事本没有错，但就怕那些勤勤恳恳的家长不断地给孩子纠错。高频率的负面关注恰恰是孩子出现各种问题的原因，因为它严重干涉了孩子的自我发展。

这种慢慢拿小刀砍人的方式虽然伤口看起来不大，但实际上特别伤人，让人很难忍受，有时候比被打一顿还让人烦，让人受伤。

更雪上加霜的是，那些勤恳的家长指出孩子错误之后，常常会立马越俎代庖，代替孩子去解决问题，因为他们总觉得孩子年龄小，找不到解决办法，或者即使找到办法也是很幼稚的办法。

孩子出门前绑鞋带稍微慢一点，他们就会一边指责孩子磨蹭一边帮他绑鞋带；孩子在学校被人打了，他们就会一边说“一个巴掌拍不响”一边找老师投诉；孩子玩了大半天手机，他们就会一边批评孩子不自律一边扔出一份时间安排表。

这样做，孩子的问题解决了吗？你以为解决了，其实问题变得更严峻了。正如心理学家鲁道夫指出的那样：我们常常无心地通过讲话语气、行为动作，让孩子们觉得自己无能、没用、做不了大事情，并且低我们一等。

这类事情，做得越多，错得越深。在教育这件事上，我们是可以懒一点的。那么，怎么做，才能科学地做个懒家长呢？下面有两点建议供您参考。

第一，将“二八原则”运用到教育当中。

管理学中有一个“二八原则”，这一原则说的是一家企业 80% 的利润往往是由 20% 的顾客创造的。

管理学中的“二八原则”在家庭生活的经营中依然适用，真正影响我们的是重要的 20% 的问题，而现实是很多家庭的能量都被那些不重要的 80% 的问题消耗了，从而导致真正的问题解决不了，家庭一直处于解决问题的焦虑和对抗中。也就是说，孩子的所有问题中，有 80% 的问题都不重要，是可以忽略的。

那么，哪些问题可以忽略呢？

很多通过与幻想中的“完美小孩”对比而产生的问题，可以忽略。父母之所以如此焦虑和情绪不可控，很重要的原因就是父母心目中存在一个完美的小孩，这个完美小孩乖巧懂事、自觉自律、手脚利索、能动能静，自己的孩子和这个孩子相比，处于很落后、很有问题的境地。

还有，很多使用多米诺骨牌逻辑反推出来的问题，也可以忽略。凡是具有多米诺骨牌逻辑的父母都会把每一件小事和一个未来的严重后果联系起来，比如一个小朋友今天玩游戏很开心，那最后一定会网络成瘾；一个孩子今天橡皮掉了，那以后就会不爱惜东西，丢笔、橡皮、书包，进而变得铺张浪费。没有好的生活习惯，不在乎学习，最终他的人生就废了。

如果认识不到多米诺骨牌逻辑的可笑，父母就不可能放轻松，就不可能接受孩子成长中本来就会有很多的小问题，不会接受这些小问题会随着孩子的成长而改掉，不会相信孩子自己会发现问题并去改变它们。

我们要相信，其实有很多问题，会随着孩子年龄的增长而慢慢改善的。

当然，作者并不是说父母只需袖手旁观，完全让孩子自己来解决，而是强调父母要谨慎出手，要给孩子留自己解决问题的机会，父母在一旁倾听孩子的方案，让孩子有试错的空间。

这也正是作者的第二点重要建议：把问题变成孩子成长的机会。

芬兰儿童教育学家本·富尔曼先生认为，孩子的问题通常是由于他不具有某种技能，而一旦掌握了这种技能，问题也就消失了。孩子只有通过解决一个个问题，学会一个个技能，才能成长为一个自信独立、有学习能力、有担当的成年人。

建立这个理念以后，当孩子有问题的时候，我们就不应该说："你怎么这样子呢？""你这个问题很严重啊！""你要去这么改啊……"我们应该反过来问问自己："如果孩子有这个问题，那么他需要掌握什么样的技能才能把这个问题解决掉？"

比如：孩子上幼儿园时，你发现他出门磨蹭，等一等，也许等他熟练掌握绑鞋带的手法之后就不一样了；上小学时，你发现他胆小孤僻，等一等，也许等他探索出与人交往的技巧后就不一样了；上中学时，你发现他敏感脆弱，等一等，也许等他学会接纳自己后就不一样了。

所以，日后若是我们发现了孩子的问题，不妨再想想：一，这个问题是不是我过度想象出来的？二，这个问题会不会随着孩子年龄的增长而改善？三，这个问题能不能让孩子尝试着自己去解决呢？

2. 忙碌的爸爸，我有话想对你说

> 爸爸总说，忙完就会陪孩子。然而现实是，爸爸手头上的工作永远都做不完，等他们缓过神的时候，孩子已经变成了一个陌生人。

再忙也要做个好爸爸

今天我们来聊一聊父亲的重要性。我们从一个故事开始聊起。

有一年，在母亲节来临之际，美国有一家贺卡公司在举办了一场这样的活动：在一所监狱里摆放一张桌子，监狱里的囚犯只要愿意，就可以免费获得一张母亲节贺卡，然后寄给自己的母亲。

没想到结果远远超出预期，桌子前排起了长队，很多囚犯都希望能给自己的母亲寄出一张节日贺卡，母亲节贺卡远远不够，贺卡公司最后不得不派人回去再取多一批贺卡过来。

囚犯们的行为感动了这一家贺卡公司，于是，等到父亲节到来时，贺卡公司决定再搞一次同样的活动——免费提供父亲节贺卡，结果，这一次却没有一个人来领贺卡。

没有一个囚犯愿意寄一张节日贺卡给自己的父亲，为什么在他们心目中，父亲和母亲的地位相差如此巨大呢？其实，这个故事反映了当今社会存在的一个很严重的家庭问题，那就是有很多的父亲，他们总是以忙碌作为借口，推卸了自己作为父亲的教育责任。

很多父亲以为自己全心全意努力工作挣钱，就会让这个家庭的生活变得更美好，实际上恰恰相反，这会使整个家庭变得更加糟糕。

我们不妨看看自己的周边，是不是有很多这样的家庭：一个缺席的父亲，加上一个焦虑的母亲，再加上一个有问题的孩子。这就是这个时代最普遍存在的一种错误的家庭生活模式，如果想要改变这种状况，最关键的是父亲。

父爱，无可替代

各位忙碌的爸爸们，请你们一定要记得，你们的父爱无可替代。

如果你承认男性和女性在生理上和心理上是不一样的，那么你就很容易理解母爱为什么难以替代父爱。父亲最大的不同在于他是男性，他向孩子展现了一个不同于母亲的世界。

就拿抱孩子这件事来说。一般妈妈都会抱得很紧，让孩子感到很安全、很温暖；但父亲一般会抱得比较松，通常也只有父亲会把孩子高高地举起来，甚至举过头顶，把孩子放在肩膀上，给孩子更大的空间和更广阔的视野。

母亲的教育就像是树木的根，目标是让孩子达到生命的滋润和丰满，而父亲的教育就像是树木的枝干，目标是让孩子建立人生的“主心骨”，实现生命向空中的充分伸展。当孩子既享有母亲的教育，又享受父亲的教育的时候，他就同时兼备了慈爱与尊严，就拥有了完整的人性；那么，他既可以脚踏实地，又可以展翅高飞！

教育不能等，忙碌不是逃避的借口

有些爸爸可能会说，我也知道自己有教育孩子的责任，可我真的放不下手头上的工作。然后爸爸还会继续说，再等等吧，等我忙完了手头上的工作，等我们家的经济条件变得更宽裕之后，我就一定会好好陪孩子。

然而现实是，爸爸手头上的工作永远都做不完，等他们缓过神的时候，孩子已经变成了一个陌生人。

孩子的发展是不能等待的，错过了儿童和青少年成长的关键时期，孩子一旦长大以后，父亲往往就无能为力了。如果因为父教的缺席而导致孩子的发展出现了偏差，想要纠正的话，也很难找到机会了，最后也就只有遗憾了。

忙碌是这个时代的特征，已经是一个无法改变的事实，关键是父亲们如何在这忙碌纷繁的生活中找到平衡，承担好教养孩子的责任。

要说忙，年轻时打江山的李嘉诚绝对是一个大忙人，可是李嘉诚还不忘在儿子面前以身作则，树立勤奋读书的榜样，让孩子养成勤奋读书的好习惯。在李家兄弟的童年时期，每天晚上，辛苦了一天的李嘉诚都会坐在书桌前阅读、自学外语。每逢星期日，李嘉诚就会带着兄弟俩一起出海游泳。

所以，请爸爸们把孩子放进自己的日程表里面，好好做父亲，是男人最有价值的投资。

孩子需要的是父亲的时间而不是钱

是的，做一个好父亲，是男人最有价值的投资，可是这种投资最需要的不是钱，而是时间。

相信每一位父亲都是爱自己的孩子的，但是，为什么许多孩子认为父亲不爱他呢？因为爱是一个动词，它是由时间和质量构成的，父亲对孩子的爱需要时间。爱孩子，意味着愿意为孩子付出自己的时间。

曾经听说这样一个故事：有个爸爸很晚才下班，5 岁的儿子没睡觉，一直等爸爸回家。儿子见到爸爸时，就问爸爸一个小时挣多少钱。爸爸很不耐烦，不想回答，于是儿子就死缠烂打地追问，最后爸爸就随口说了一句“我一个小时挣 20 块钱”。

过了一会儿，儿子拿出 20 块钱，战战兢兢地对爸爸说：“爸爸，我想让你陪陪我。我有 20 块钱了，可以买你一个小时吗？”这就是孩子们的心声，越小的孩子，越渴望得到爸爸的陪伴。

其实孩子也不需要爸爸很长时间的陪伴，亲子时间，最重要的不是长度，而是质量。那么，如何高质量地陪伴孩子呢？下面给大家提供几个建议。

孩子的关键时刻，爸爸一定要出现

有一些“关键时刻”，是父亲千万不能错过的，比如孩子的出生时刻、孩子的生日、孩子特别在意的某次重要活动。

所谓的“关键时刻”，主要是针对孩子而言的，也就是孩子认为非常重要的时刻。这样的时刻并不多，一旦错过了，父亲需要十倍甚至百倍的时间都不一定能弥补。

在“关键时刻”，父亲的出席和陪伴，对父亲与孩子关系的发展具有极强的加分效果，可以说是事半功倍。

所以，爸爸们一定要抓住这些非常难得的重要时刻，给孩子一个温暖的惊喜，这样一定会给孩子留下一个难以忘掉的深刻印象，爸爸的爱，就会这样深深地烙在孩子的心上。

请带着孩子一起去休闲娱乐和运动

再忙碌的父亲也需要运动和休闲娱乐，放松紧张工作所带来的压力，成长中的孩子同样需要运动和休闲娱乐，缓解过高的学业压力所带来的紧张和焦虑。

如果父亲用心，可以试着跟孩子一起寻找共同的兴趣爱好，这样做既满足了父亲与孩子放松的需要，又满足了陪伴孩子的需要。

比如，父亲可以跟孩子一起商量，寻找一个双方都感兴趣的运动项目，父亲和孩子一起规划时间一起进行体育锻炼。

不管运动，还是休闲娱乐，父亲都要尊重孩子的意愿，更多地考虑孩子的需求，倾听孩子的心声。在这个过程中，父亲要学会放低身段，这个时候的父亲是孩子的伙伴、队友或对手，彼此的地位是平等的，只有这样，亲情才能够得到自由的表达和发展。

忙碌的爸爸，你的妻子永远支持你

教育孩子，是父母双方共同的责任，爸爸妈妈之间的相互扶持也是非常重要的。

一个明智的母亲，肯定会敢于放手、主动撤退，为孩子的父亲创造教养的机会，明智的母亲会积极地鼓励孩子的父亲努力地承担起养育的责任，更会懂得赞赏孩子父亲的每一次进步。

忙碌的爸爸，孩子需要你的用心陪伴。

3. 爸爸更有成为育儿奇才的潜质

> 所谓“男主外，女主内”只不过是过去男女不平等观念之下的生活方式。如果一个社会或者家庭真的认为男女平等，那么，无论是全职妈妈，还是全职爸爸，都会得到充分的尊重。

先和大家分享一个有趣的实验，这个实验的主角是一群爱吃香蕉的猴子。

实验者把三只猴子关在一个笼子里，笼子的中央挂着一串香蕉。实验者制定了一个规则：任何一只猴子去拿香蕉，另外两只猴子就会被电击。很快，猴子们就学会了，拿香蕉是一个会给猴子群体带来麻烦的行为，所以只要有一只猴子试图去拿香蕉，另外两只猴子就会制止它，甚至将它暴打一顿。

久而久之，当三只猴子都学会这个规则之后，实验者用一只新猴子来替换掉了其中一只老猴子。这个时候，你可以预想到两个结果：第一，新猴子会去拿笼子中央的香蕉；第二，两只老猴子会制止甚至殴打它。你看，即便已经没有了电击惩罚，新猴子也很快意识到：“噢，原来拿香蕉是一种禁忌。”

实验就这样周而复始，一只只新猴子被放进来，替换掉了以前的老猴子，猴子换了一拨又一拨，但香蕉不可以拿的“习俗”，却始终在猴子群体当中保留了下来。自此以后，这个实验室里的猴子，尽管超喜欢吃香蕉，但在它们的意识里，却种下了一个不可以吃香蕉的观念。

听完这个实验，不知道你有何感想？心里有没有闪过一个这样的念头：这群猴子真的好笨啊，这么愚蠢的习俗都能延续下来。

先别急着嘲笑猴子，我们不妨想想，在我们的社会里，是不是也在延续着一些不合理的观念或者习俗，比如，生育男孩比生育女孩好，再比如，女性坐月子的时候不能洗头。还有，外国友人永远都无法理解中国大妈对滚烫白开水的执念。

在农业时代，壮丁是珍贵资源，从这个角度看，生男孩确实比生女孩好；在过去，我们很难找到干净的水源，坐月子的时候不洗头，也确实能很好地避免细菌感染的风险。

可是，我们的社会环境已经不同于往日。这些过去环境下的理性选择，放到今天，已经变得不合时宜了。

在社会极速演变的今天，一个合格的现代人，就应该要有敢于质疑和摒弃过时观念的勇气。

最近，我读了一本非常有趣的书，这本书不仅有趣，还展示了当今社会的一种崭新的生活观念。这本书的书名叫《全职爸爸》。

全职爸爸？听上去像是一种珍稀动物。而实际上，全职爸爸也确实并不常见。毕竟传统的观念认为，男人外出赚钱养家才是天经地义的，长期以来我们一直推崇的是“男主外，女主内”。如果一个男人选择了待在家里做家务、带小孩，在不少人眼里，他就相当于一个堕落的无业游民。

全职爸爸真的不算是工作吗？至少这本书的作者不这么认为。这本书的作者是一位女作家。在她和丈夫作为新手爸妈忙得手忙脚乱的时候，他们就达成了一致意见：将来谁成功了，另一半就回来带孩子。

结果没想到，几年后她的一本小说卖了版权，赚了一百多万。于是，丈夫履行承诺，辞掉年薪三十万的工作，回家带孩子，当起了全职爸爸。作者也没有亏待丈夫，每个月都会给他支付工资，而薪资标准完全按照丈夫的上一份工作来定，每个月两万。

那么，这位全职爸爸的工作做得怎么样呢？

根据作者一年的观察，结论是，虽然厨艺没有进展，还经常丢三落四，但至少 6 岁的儿子学会了自己洗澡、刷牙、穿衣服、骑单车、独自睡觉。要知道，之前儿子在姥姥家住的时候，他什么都不会，只要人站起来，姥姥、姥爷就会像两个贴身侍从一样从头帮到脚。

这位爸爸带孩子的方式，有时也是独具一格，比如，为了解决儿子晚睡这个问题，他的策略是打消耗战。孩子不是精力充沛吗？那就带他到户外去运动，拍完皮球，去骑车，骑完车去跑步，以前儿子晚上十一二点都还精神抖擞，现在十点钟就躺在床上睡着了。

而且，这个策略还意外地收获了一个惊喜，那就是儿子更喜欢去上幼儿园了。爸爸辞职前，儿子经常赖皮不上幼儿园，现在，每天都抢着坐第一班校车去幼儿园。是幼儿园变成迪士尼乐园了吗？并没有。而是经历过体能消耗之后，幼儿园在儿子眼里，瞬间变成了度假胜地。

正所谓“杀敌一千自损八百”，这样带孩子，也是累得够呛，但好就好在这个爸爸很享受这个过程。有时晚上等孩子睡着之后，他还会抽时间把自己的育儿经历记录下来，通过公众号分享给其他人。

这本书记录了很多这位爸爸在带孩子期间所发生的趣事，是一本既轻松又有意义的好书。看完这本书之后，我更加坚信，爸爸也是可以全职带孩子的，而且爸爸比妈妈更有成为育儿奇才的潜质。

在这里和你分享这本书，并不是想说爸爸全职带娃更好，而是希望帮助爸爸妈妈们打破固有的思维，看到更多通往幸福的道路。所谓“男主外，女主内”只不过是过去男女不平等观念之下的生活方式。

如果一个社会或者家庭真的认为男女平等，那么，无论是全职妈妈，还是全职爸爸，都会得到充分的尊重。

4. 别让“中国妈妈”沦为一个贬义词

> 反观我们中国的父母，把优秀的学习成绩视为教育成功的终极体现，根本不把孩子的生存能力放在心上，或者认为生存能力要等到有了高学历之后再培养，这是极大的教育误区。

我们很多人都知道，犹太人是我们这个地球上的一个极其特殊的民族，他们的人口很少，历史上遇到的劫难也很多，可是他们依然能够培养出很多非常杰出的人才，比如马克思、爱因斯坦，还有 Facebook 的创始人扎克伯格。有人曾经统计过，单单是获得诺贝尔奖的美国人当中，就有 31%，也就是接近三分之一是犹太人。

犹太人到底有什么样的教育秘诀，让他们能够培养出这么多卓越的人才呢？我想，这是我们为人父母的，最希望揭开的秘密。

这个星期和大家分享的这本书的书名叫做《特别狠心特别爱》，作者是一位出生在中国上海的犹太人后裔，她的名字叫作沙拉，养育了两个儿子和一个女儿，除了还在读书的女儿，她的两个儿子如今都已经成为亿万富豪。作者在做客《鲁豫有约》的时候，曾经非常坦率地说，是良好的家庭教育成就了孩子的富豪梦，而且让作者更引以为豪的是，她的孩子们从来不以钱为目标，他们更看重的是人生的智慧与阅历。

这本书最大的价值，在于这位作者既熟悉中国的教育方式，也了解犹太人的教育理念，并且将这两者的精华融和了在一起，让原本衣来伸手饭来张口的子女产生了改变，不到 30 岁就取得了巨大的成就。

看到这里，你是不是特别想了解这位母亲是怎样做的呢？我们一起来走进沙拉的教育历程。

沙拉出生于中国上海，父亲是犹太人。12 岁的时候，父亲突然逝世，不久之后又遇到了“文革”，只读到初一就辍学了。辍学之后，成为一间铜厂的工人，后来，她就像其他中国女人一样结婚生子。

90 年代初，中国和以色列建交。以色列是沙拉父亲的故乡。当时沙拉就想到父亲的故乡以色列去看一看。另外，她内心还有一个念头，她听说犹太人的教育观念享誉全世界，也想着去那里学习一下如何教育子女。当时，她刚离婚，她认为自己是一个失败的妻子，但是她希望自己能成为一个成功的母亲。所以她就狠下心来，放弃上海舒适的生活，带着三个儿女去往战火纷飞的以色列边境。当时，三个孩子中，最大的十四岁，最小的只有三岁。

说到这里，就必须要提一下这本书的标题了，《特别狠心特别爱》，这里的狠心并不是指狠心地打孩子、骂孩子，而是狠心地给年幼的孩子选择艰难的环境，让孩子在艰难的环境当中成长起来。

之前长期生活在中国的沙拉，她的身上也难免带着一些中国母亲的教育风格。比如，对于孩子成功的重要标准就是学习成绩，对孩子的期望就是希望孩子能够刻苦学习、考上好大学，以后找一份好工作。所以，她早期的时候就和中国的很多妈妈一样，把孩子伺候得无微不至。孩子们不用叠被子、不用洗碗、不用打扫，孩子回到家只需要负责好好学习功课就行。

实际上，现在“中国妈妈”这个词已经在不知不觉中变成了一个略带贬义的词语。在美国的词典中，“中国妈妈”成为一种标签，它指的就是那种为子女包办一切、过分关心子女的妈妈形象。

刚去到以色列的时候，沙拉也是将这种做法延续了下来。直到有一天，一件小事给沙拉带来看很大的冲击。

那天，三个孩子围绕在暖洋洋的火炉旁等着妈妈沙拉做饭，这时隔壁邻居大婶过来串门。大婶进来时，刚好见到沙拉正手忙脚乱地做好饭，一碗一碗地给孩子们盛好，摆在饭桌上，大婶实在看不惯，心直口快地说：“孩子们，你们已经是大孩子了，怎么能像客人一样看着你妈妈忙活，也不伸手帮帮妈妈呢？怎么能一动不动地等着妈妈来伺候你们呢？”

然后，邻居大婶转过头来训斥沙拉：“不要把你那种不科学的母爱带到以色列来，别以为生了孩子你就是母亲。天下父母没有不爱孩子的，但是，爱孩子要有分寸、有原则、有方法。”

邻居犹太大婶心直口快，她看不下去沙拉包办孩子的一切，无微不至地伺候已经超过十四岁的孩子。被邻居狠狠地训斥了一顿之后，沙拉开始深刻反思自己的教育方式。在后来的日子里，她逐渐留意到，以色列家庭的孩子没有一个是不参与家务劳动的，而且越是富裕家庭的孩子越被父母推出家门体验生活。

在以色列，没有中国人“富不过三代”这句老话，在以色列人看来，富可以富过三代，关键看父母对孩子施加什么样的爱。

那么，沙拉在以色列学到了哪些教育秘诀呢？总体来讲，主要可以概括为两点。一是要在有偿机制中爱孩子，二是要适当地延迟满足孩子对物质的要求。

先说第一点。所谓的“有偿机制”，大概意思就是孩子要用劳动来换取自己的零花钱。在犹太孩子中，很少有那种我们称之为“高分低能”的人，这主要就是因为犹太人非常重视从小培养孩子的生存能力，从小给孩子灌输“不劳无获”的法则。

以色列家庭教育有句口号：要花钱，自己挣！当孩子想要父母满足他们的愿望时，犹太父母会告诉他的孩子，你必须通过自己的努力，才能换来你想要的东西。刚到以色列的时候，沙拉以为这种情况一般只发生在经济条件不是特别好的家庭，后来她到一个很富有的家庭做工时才发现，富有的犹太父母更重视孩子的生存教育。

沙拉做工的那个家庭有一个读小学的男孩，虽然家里有很多名车，但是基本不会用来接这个孩子上下学。无论刮风下雨，这个小男孩都是自己坐公交车回家。如果他想要一双向往已久的球鞋，他的父母会建议他每天晚上洗一次碗筷，用自己的劳动来换取。他的父母说，这样才能让孩子感受生活的酸甜苦辣。

有一个例子特别值得我们借鉴。世界富豪洛克菲勒，也就是我们熟知的“石油大王”，他也是犹太人。洛克菲勒虽然家财万贯，但是他对儿女的日常零用钱却十分“吝啬”，规定儿女们的零用钱按照年龄发放：七八岁时每个星期三毛钱（当然，这时很多年前的三毛钱），十一二岁时每个星期一块钱，十二岁以上的每个星期两块钱，每个星期发放一次。

最值得我们学习的是，他还给每个孩子发放一个小账本，要他们记清每笔支出的用途，领钱时交给他审查。账目清楚、用途正当的，下个星期可以递增五分钱，反之则递减。同时，孩子们做家务还可以得到报酬，补贴各自的零用钱。

从“石油大王”洛克菲勒这一代算起到现在，他们家族已经富了六代，这个家族能够保持一种长盛不衰的状态，和这种自小就培养家庭责任感和生存能力的理念是分不开的。

反观我们中国的父母，把优秀的学习成绩视为教育成功的终极体现，根本不把孩子的生存能力放在心上，或者认为生存能力要等到有了高学历之后再培养，这是极大的教育误区。这种做法导致的后果就是，中国现在有 65% 以上的家庭存在“啃老”的现象，三成的成年人基本靠父母供养。有些父母本来想着养儿防老，到最后却变成了养儿啃老。

我们现在不妨反问一下自己：我是不是从来都不让孩子做家务？或者说，当我要求孩子做家务的时候，孩子稍微拒绝一下，我就放弃了让孩子做家务的决定？我是不是认为孩子少做家务没关系，只要学习成绩好就行？

好了，现在我们意识到了“有偿机制”在家庭教育中的重要作用，那我们是不是马上就开始给家里的每一项家务都贴上明码标价呢？千万不要。曾经有一位妈妈把所有的家务活都明码标价，收拾桌子、洗碗、洗衣服等等都定好不同的价格，孩子干什么活就给多少钱。最后，让妈妈没想到的是，从那以后，让孩子做什么都要先问价钱，请他帮忙拿份快递要钱，甚至去爷爷奶奶家时，帮忙递一下老花镜也要钱。

有偿机制正确的使用情境应该是这样的，我给大家举一个例子。比如，小明是个初中生，平时放学回到家里的时候，他要义务地完成一些家务，可以是炒个菜、饭后洗碗、倒垃圾，也可以是打扫家里的地板，完成这些家务之后是没有报酬的。某一天，小明看上了一双八百块的球鞋，这个时候爸妈就可以和小明商量，小明可以做一些额外的家务来换取这双球鞋（请注意，是额外的家务）。比如帮助爸爸清理一次鱼缸可以换取50元，特别干净的话，给80元；帮爸爸洗一次车可以获得30元，特别干净的话，给50元；帮助妈妈完整地做一顿丰盛的晚餐可以获得100元到200元的酬劳，味道越好，酬劳越高。总之，任务的难度越大，价格越高，完成得越优秀，价格也会越高。

我举这个例子，主要是想提醒爸妈们，孩子作为家庭里的一分子，是有义务去完成一些基本的家务的，让孩子去参与基本的家务，为的就是培养孩子的家庭责任感。

说到这里，我要特别提醒一点。犹太人不会用考试成绩来作为满足孩子要求的依据，他们更看重的是孩子有没有参与到家庭的劳务当中。犹太人之所以这样做，是因为他们认为，会做家务的孩子更有责任感，有责任感的孩子，学习成绩自然会优秀。退一万步说，就算孩子的学习成绩不够优秀，那也是一个更能适应社会的人。

以上就是沙拉作为母亲在以色列学到的第一个教育秘诀，在有偿机制中爱孩子。而第二个教育秘诀就是适当延迟满足孩子的物质要求。请注意，是物质要求。对于孩子来说，精神上的需求不需要延迟满足。比如孩子遇到伤心事需要安慰的时候，父母就应该及时地上前给予安慰。

有一次，沙拉在以色列的一家医院看牙，正巧见到了她女儿同学的爸爸也带着六岁的女儿在外面的大厅里等候。过了一会儿，女孩闹着要和饮料。可是，那位父亲在身边的自动售货机上顺手扯了一个免费纸杯，接了一杯免费的水递到孩子手里。当然，那位父亲不是买不到饮料，旁边就有一元一杯的可乐和橙汁。那是他很穷，买不起吗？恰恰不是，那位父亲是一间大公司的老板。

这位爸爸为什么要这样做呢？沙拉想，他的答案应该就是普通的水就可以解渴，没必要花钱去买。不能从小就给孩子过高的物质享受，这个爸爸的观念，代表着大多犹太父母的想法。

犹太人认为人的欲望是无限的，但能满足的只有很少，许多欲望是永远无法满足的。因此，他们要孩子从小懂得：即使钱再多，也不买不必要、不适合自己的东西。而且，想要满足更加奢侈的愿望，获得更为优越的生活条件，必须依靠自己努力，不能借由别人的双手。

在犹太家长看来，对孩子一些不合理要求的“适当不满足”，才是真爱孩子的表现。一味地迁就孩子、满足孩子，这叫作溺爱。溺爱不是爱，是披着“爱”的外衣的“害”。

沙拉女儿的舞蹈班里有个小朋友叫莎莎，她家里很富裕，女儿应邀去她家里玩，回来之后很有感触，说：“妈妈，莎莎家里是大豪宅，家具非常高级。不过，莎莎的房间很小，而且，里面的家具看上去都很旧，也不时髦。”我问女儿为什么，女儿说，莎莎告诉她，她父母非常爱她，他们会竭尽所能为她提供最好的学习和拓展人生的条件，但是，正是因为爱她，才不会为她提供最好最优越的生活条件。因为，她应该，也能够做到靠自己的努力获得优越的生活条件。

莎莎父母对孩子的“适当不满足”，给了沙拉很深刻的启发。那一阵子，她正在为怎么培养女儿而纠结，也就是她正琢磨着“穷养儿，富养女”这句话到底对不对。莎莎父母的教育理念坚定了她的想法，那就是：从小富养的女儿长大后，遇到粗养的生活该怎么办呢？况且在求知求学的道路上，不会因为你是女性，录取分数线就比男性低。走上社会，激烈的竞争，无情的对手，绝不会因为你是女性而同情你。

新东方校长俞敏洪谈起他的孩子，也提到“延迟满足”教育的必要性。他说：“不能让孩子吃住你。我再给孩子买东西前，会分析他要的东西是否合理，如果不合理就坚决不买，如果合理也不能轻而易举地给他买，我必须让孩子完成一项任务才给他买。我女儿班上的孩子，每人都有一台笔记本电脑，再不给她买也不对。我就告诉她，爸爸一定给你买，但是你要知道，这个世界没有白白得来的东西，你现在已经是一个大孩子了，需要付出劳动获得想要的东西。如果你能背诵下来三十篇新东方的励志文章，就给你买。结果不到两个星期，她就背得滚瓜烂熟，她如愿得到了笔记本电脑。这样的教育方式不仅让孩子学会了付出才能得到的道理，又把孩子想要得到的事物化作一件事的动力了。”

沙拉身边的犹太父母就说过这样的一句话：如果想要的东西太容易得到，孩子就会被宠坏，因为这样会让孩子认为自己得到的一切都是应该的。

好了。最后做一个总结。犹太父母之所以能培养出这么多优秀的子女，其中有两个重要秘诀：一是要在有偿机制中爱孩子，培养孩子的家庭责任感和生存能力；二是要适当地延迟孩子的物质要求，鼓励孩子自己为目标而奋斗，而不是坐享其成。

亲爱的爸爸妈妈们，你把所有的一切，你的生命、财富、地位、时间、精力全部交给孩子，你的孩子未必会终身幸福。你只有教会孩子做一个有责任感的人，教会孩子学会追求自己的目标，学会享受达到目标以后的幸福感和满足感，你才会有从容的晚年，孩子也才会收获成功的人生。

5. 女孩成长路上最重要的五样东西

> 我们要记住，这个世界虽然对于我们来说早就习以为常，但是对于两到五岁的孩子来说，这是一个非常新奇的世界，所以当我们看到孩子拿着吃饭的勺子四处敲打的时候，千万不要以为孩子是在搞破坏，实际上她是在探索这个世界各种各样的新奇的现象。

最近我的一位好朋友很纠结。她的儿子今年 5 岁，正常来说，明年她的儿子就可以去上小学了，可是她的丈夫却认为迟一年上小学会更好。最后，我站在了她丈夫的那一边。

为什么呢？实际上男孩的发育要比女孩慢，尤其是在大脑和心智的发育方面。一出生，女孩的发育水平就已经比男孩早了几个星期，之后两者的差距还会不断地拉大。在整个儿童时期，女生的身体、大脑和心智的发展水平都比男孩领先 6 到 12 个月。所以我们才会发现，在小学的班级里面，通常女生会比男生长得高，班长通常都是女生，女生的学习成绩也是普遍比男生好。

再往后，女孩会比男孩早两年进入青春期。女生们似乎一夜之间就长成了小淑女，而男生还一点变化都没有。最后，女生大概在 17 岁的时候大脑发育成熟，而男生的大脑则要等到 20 岁的时候才最终成熟。

正是因为这个规律，所以我一般都会建议男孩子最好晚一年上小学。

说到这里，你应该就已经能感受到，男孩和女孩之间的差别还是挺大的。我们在教育的时候反复强调要“因材施教”，在培养男孩和女孩的时候，我们应该采取不同的教育方式。

最近的这两期节目我将会和大家分享《养育女孩》和《养育男孩》这两本书，这两本书的影响力非常大，单单是《养育男孩》这本书，它的销量一早就已经突破了四百万册，算得上是享誉全球的育儿必读书目。

这两本书的作者是同一个人，他是澳大利亚著名的家庭问题专家。实际上，他既是一个经验丰富的家庭治疗师，也是一位成功的父亲，他培养出了非常优秀的两个儿子和一个女儿。而这本书最大的价值，就是作者非常完美地将理论和实践结合了在一起。

这位专家型的父亲给了我们哪些建议呢？我们一起来看看吧。

今天，我们先来了解女孩，说不定听完这一段之后，你会爱上养育女孩哦。

女孩的成长历程可以划分为 5 个阶段，每一个阶段都有相应的关键词，每一个关键词都代表着某一个阶段中，女孩最需要的东西。

第一阶段：安全感（0~2 岁）

第一个阶段是 0 到 2 岁，关键词是“安全感”。刚出生的婴儿，最需要的就是安全感。其实这个也很好理解，你想想，他们刚刚来到一个陌生的世界，对这个世界一无所知，如果把你扔到一个完全陌生的地方，你会不会害怕?

每当婴儿有害怕或者不舒适的感觉的时候，他们就会通过大哭来寻求帮助，而这个时候，爸爸妈妈就要用行动来告诉孩子，爸爸妈妈很爱很爱你，爸爸妈妈也一定会一直陪伴在你的身边。这种行动很重要，它会让孩子爱上这个世界，这对于培养孩子乐观开朗的性格非常关键。

据我所知，有一些爸妈会觉得，婴儿一哭就过去安慰，会让孩子形成依赖的性格，所以他们为了培养孩子独立的性格，有时候会任由婴儿在一旁大哭，觉得婴儿哭是很正常的，哭着哭着就不哭了。

但是啊，这本书作者却用调查结果来告诉我们，婴儿哭泣，那是因为她想要寻求帮助或者安慰，如果任由她一直哭泣到停止，到最后她确实是不哭了，可是那时，这个看似安静的婴儿通常就会进入一种抑郁的心理状态。因为她觉得自己反复求助，都没有人来帮助她，她就会开始不信任这个世界、不信任自己的父母，这样的婴儿长大之后得抑郁症的概率会更高。

当然，我们也没有必要走极端，孩子一哭就跑过去抱起来。我们还是可以先用一点点时间来确认孩子的哭声是不是真的在寻求帮助，有时我们确实也会遇到一种情况，那就是孩子没事干，哭两嗓子之后很快就停下来了。

这就是第一个阶段，0 到 2 岁，孩子最需要的是安全感，爸爸妈妈要用行动来告诉她，孩子你很安全，爸爸妈妈也很爱你。

第二阶段：探索（2~5 岁）

第二个阶段是 2 到 5 岁，这个阶段的关键词是“探索”。对于这个年龄段的孩子而言，他们开始能够逐渐地自主行动，他们对这个世界的自主探索也就随之开始。对于他们来说，玩就是最好的探索方式。

我们要记住，这个世界虽然对于我们来说早就习以为常，但是对于两到五岁的孩子来说，这是一个非常新奇的世界，所以当我们看到孩子拿着吃饭的勺子四处敲打的时候，千万不要以为孩子是在搞破坏，实际上她是在探索这个世界各种各样的新奇的现象。

像这种类似的探索行为对于孩子的成长来说是非常重要的，这是培养孩子好奇心的关键时期，如果能保护好孩子的好奇心，孩子就更容易形成终身学习的心态。

我们现在知道了这样的一个道理，为了保护孩子的好奇心，我们应该让孩子尽情地玩耍。

作者在这个部分提出了两点注意事项，我觉得还是挺有借鉴意义的。

第一点就是，孩子在这个时候不需要太注重形象。我见过一个妈妈，她把女儿打扮得非常精致、漂亮，每当孩子玩的时候，妈妈就会在旁边紧张地监视着孩子的活动。孩子刚从地上捡起一根小树枝，妈妈就连忙说，哎呀，别玩树枝，把衣服给弄脏了！过了一会儿，孩子踉踉跄跄地跑进了草坪里，一屁股坐下来，然后在那里拔草，这时妈妈又连忙制止，哎呀，宝贝快站起来，别拔草，太脏了，你看看，这衣服，刚穿上就弄脏了。然后抱起孩子就往家里走。

亲爱的妈妈，就让这个小宝贝做一个亲近自然的脏小孩吧，给她穿上最简单最便捷的衣服，让她无拘无束地玩泥巴、铲泥沙、玩石头、摘树叶，在保证安全的前提下，让她尽可能近距离地接触这个世界的一切，我们这样做，其实为的就是让孩子一直保持一种勇于探索的学习心态。

第二点注意事项就是，作者特别强调不需要给孩子提供市面上的那些花里胡哨、看上去很新潮的玩具，给孩子玩的玩具，越简单朴实越好。作者为了写这本书做了大量的调查研究，其中就有一项调查发现，那些从小玩芭比娃娃长大的女孩，通常都会比较早熟。过于花哨的玩具，其实不利于孩子发挥自己的想象力。原因很简单呐，那些完整的、漂亮的玩具都已经设计出了一个完美的形象，孩子也就没有多少可以想象的空间了。反而那些最简单朴实的玩具，比如几张卡纸、几支蜡笔、几个纸箱，这些玩具反而给孩子留出了巨大的想象空间，这样才能给孩子提供培养创造力的机会。作者特别推崇的一种玩具就是乐高积木，简单，但是提供了巨大的想象和创造的空间。

到现在为止，我们了解了女孩成长第二个阶段，也就是 2 到 5 岁这个年龄段的关键词是“探索”，简单来讲，就是要给孩子提供一个简单、自然的探索空间。

第三阶段：与人交往（5~10 岁）

第三个阶段是 5 到 10 岁，这个阶段的关键词是“与人交往”。其实，从进入幼儿园的那一刻起，我们的孩子就开始面临一个问题，那就是如何与其他人相处。和他人友好相处是人生中的一项非常重要的修养，在这个关键的起步阶段，父母的引导作用非常重要。

我有一个朋友，她和她的丈夫都是做生意的，生意也做得不错，平时非常忙碌，甚至没有时间陪孩子，孩子上幼儿园的那个年龄段，大部分都是由爷爷奶奶来带。这个世界上没有多少个爷爷奶奶是不宠爱自己孙子的，爷爷奶奶把孩子带得很好啊，那个小脸蛋呐白里透红的，非常可爱。

可是这个小女孩经常黏着爷爷奶奶，从来不喜欢和其他小朋友玩，有时好不容易有个机会和其他小朋友玩在一起，可没过多久就闹起矛盾来，一闹矛盾，小女孩就哭着找爷爷奶奶，说其他小朋友欺负她。爷爷奶奶看不得自己的宝贝孙女受欺负啊，就过去批评那些孩子。久而久之，这个小女孩就越来越不喜欢和其他小朋友玩了。

是谁让这个小女孩变成了一个孤僻的孩子？是那群小女孩口中欺负人的小朋友吗？肯定不是，小屁孩之间闹一点小矛盾是很正常的现象。可爷爷奶奶在这方面就犯下了很大的错误。爱孩子，但不能偏袒孩子，否则就会让孩子越来越以自己为中心。

那么，这个小女孩的爸爸妈妈有没有过错呢？其实他们也有错，他们错就错在没有担负起自己应有的责任，要知道，其实没有人能替代爸爸妈妈去培养孩子的社交能力。为人父母的，不管多么忙碌，都必须要抽出时间带着孩子去和其他小朋友一起玩，然后在玩耍的过程中引导孩子掌握交友的技巧。

作者在这本书里面列出了父母需要帮助女儿去学习的关键技巧，这些技巧包括：第一是友好；第二是分享，要让孩子觉得与人分享是一件很快乐的事情；第三是同理心，意思就是要教会孩子换位思考；第四是控制攻击性，也就是不允许孩子轻易打人；第五是道歉，要让孩子知道做错了事情敢于道歉的话可以获得更多好朋友；第六是理解情绪，要教会孩子通过别人的情绪和反应来判断别人的情绪；第七是要教会孩子判断什么人可以信任，什么人不能轻易信任。

不知道没有没爸妈在听完这些与人交往的关键技巧之后，会觉得无从下手，觉得这太复杂了吧，怎么教啊？实际上，想要教会孩子上述的技巧，最最关键的是爸爸妈妈的“身教”。正所谓身教胜于言传，爸爸妈妈怎么做，孩子就会怎么学。

第四阶段：了解内心（10~14 岁）

接下来，是女孩成长的第四个阶段。第四个阶段是 10 到 14 岁，这个阶段的关键词是“了解内心”。

随着青春期的到来，女孩开始具有强烈的自我意识。通常在这个时候，父母会慢慢觉得孩子没有以前那么听话了。其实这是正常现象，毕竟这个时候孩子已经非常熟悉这个世界，她逐渐感受到自己不需要依赖父母也可以做到很多的事情。于是她们开始慢慢地尝试着脱离父母的监管，开始悄悄地躲在房间里写非常私密的日记。

这个阶段的女孩子，她们的身体在发生巨大的变化，月经初潮、胸部发育，甚至是面部长痘痘，这些变化来得非常突然，女孩子会开始对别人的评价非常敏感。可以这样说，在女孩子成长道路上，这个阶段是最难熬的。

那么，爸爸妈妈在这个阶段应该怎么做呢？作者给了我们一个很明确的答案。首先是引导孩子不要过于注重外表，毕竟女大十八变，成年后再关注外表也不迟。然后要引导孩子关注自己的内心，关注自己的灵魂，让孩子想清楚自己要成为怎样的人。其实，也就是要点燃孩子理想的火焰。

理想，对于青春期的孩子来说，太重要了。他们正在经历最动荡的成长阶段，做一个非常老土的比喻，这个时候的孩子就好像是一艘飘荡在大海上的航船，惊涛骇浪重重地拍打着它，它随时会被海浪冲撞得失去方向感，如果一直有一座灯塔在指引着它的方向，那么不管海浪多大，这艘船都能最终达到胜利的彼岸。

我到现在仍然很清晰地记得，我在小学六年级的时候写的一篇文章——《我的理想》。当时我用稚嫩的文字写下了自己内心中清晰的声音，当时我的内心说，我以后要做一名老师。这个理想支撑我度过了叛逆的岁月，走过了人生中最跌宕起伏的青春期，最后我竟然真的成为一名老师。我想，这就是理想的力量。

那么，爸爸妈妈怎么去帮助孩子树立理想呢？首先要提醒的是，父母千万不能把自己的理想强加给孩子，否则只会让情况变得更加糟糕。真正懂得爱孩子的父母，肯定是尊重孩子的父母。

作者给出了一个相对比较容易操作的方法，那就是帮助孩子一起去找一个人生发展的榜样。这个榜样可以是你们身边的一位优秀、有内涵的女性，也可以是一个卓越的公众人物，比如我的榜样就是既有智慧又很勤奋的杨澜姐姐。

榜样的力量也是无穷的，当一个孩子找到了自己的榜样之后，她的很多行动就会有一个参照物，比如，当她遇到困难的时候，她就可以想一想，她的榜样在面对困难的时候是怎样做的，从而孩子就获得了解决困难的动力和智慧。

第五阶段：责任感（14~18 岁）

最后一个阶段是 14 到 18 岁，这个阶段的关键词是“责任感”。不知不觉中，你的女儿即将要走向成年了。想想我们国家的法律，孩子过了 14 岁，一旦犯了法，就不仅仅只是追究监护人的责任这么简单了，年满 14 岁的孩子也要开始为自己在法律面前犯下的过错负起责任来了。

学会为自己的健康、安全负责，为自己的学业负责，为自己的未来负责，是这个年龄段最重要的人生课程。

这本书里面列举了一个事例。一个 14 岁的女孩，有一天她走在街上，就在她穿过人行道的时候，一辆闯红灯的大车撞上了她，她受了重伤。之后在医院住了差不多半年的时间才能重新走路，可从那以后她就一直不敢靠近公路，还常常做噩梦，甚至产生幻觉。这个小女孩过得非常痛苦。

后来她的父母带她去看心理医生。医生问她，当你谈起或者想到那次事故的时候，你会埋怨谁？女孩说，那个司机。医生又问，而你就是一个无辜的受害者？女孩回答说，是的，而且很倒霉。

医生一步步地引导女孩，说，在这次事故中，难道你没有一点责任吗，你过马路的时候有没有留意两边是否有车开过来？女孩低下头，她终于意识到自己也有过错，虽然当时的人行道是绿灯，但她还是应该再留心看一看左右两边。

你猜这次谈话之后，女孩发生了什么变化？当孩子意识到自己在这次事故中也应该负有一份责任之后，她慢慢地从心理阴影中走出来了。为什么会这样，在她意识到自己的事故责任之前，她会觉得自己无法掌控自己的命运，她会有一种无助的感觉。可是，那次谈话之后，她就知道了，其实自己可以掌控自己的命运，而自己应该要对自己负责。

唤醒孩子的责任感，是一件不容易的事情。今后有机会的话，我们再深入地聊一聊。

好了，到现在为止，我们了解了女孩在成长路上的五个阶段，每一个阶段都有一个非常重要的关键词。如果你想复习一遍的话，可以再看看我给你附上的文字。

最后，和大家分享一段作者对于女孩成年后，父母和孩子见面时的一个完美画面的描绘：你能看到你给她的童年与如今她拥有的力量和品质之间的关联。你感到骄傲并且满意。当你离开，一个优秀的女人会继续生活，她还将把你教给她的一切传给她的后代。

6. 女孩是下凡的天使，男孩是下山的猴子

> 男孩成长路上有三个重要的引导者，父亲主要负责陪孩子玩和培养孩子的男子气概，母亲主要负责帮助孩子建立自信和进行心理疏导，当孩子进入叛逆期的时候，就需要父母借助一个优秀的成年人来引导男孩度过动荡的青春期。

有人说女孩是下凡的天使，他们大部分的时候都是很安静、很可爱、很贴心的，养育一个女孩就像是上帝安排了一个美丽的天使围绕在自己的身边。然后，就有人问了，你说女孩像下凡的天使，那男孩像什么呢？如果我说，男孩就像是下山的猴子，你觉得是不是很贴切呢？

我们不妨回想一下自己曾经见到过的一些关于小孩子玩闹的场景，当小女孩们围坐在一起玩过家家的时候，小男孩通常会在附近做什么？他们通常会上蹿下跳，拿着玩具枪幻想着自己在进行一场殊死的战斗。为什么男孩和女孩之间会存在这样的差异呢？那我们又应该如何去养育出一个优秀的男孩呢？

好了，今天我们就一起来看看这本《养育男孩》。这本书的作者是澳大利亚著名的家庭问题专家，他有一个女儿，还有两个儿子。这本书了不起的地方就是，作者引用了大量的医学、心理学的研究成果，再结合自身培养儿子的经验，给我们提出了很多特别实用的建议。

简单来说，这就是一本既科学又实用的教育类书籍。比如，对于男孩为什么通常比较好动这个问题，作者给出了一个非常科学的回答。这本书记录了一个美国军事研究所做的一项实验。科学家选择了猴群中的一只矮小、瘦弱而且地位最低的公猴，给它注射了一种激素之后，马上放回猴群中。你猜猜接下来发生了什么？这只猴子居然开始公然挑衅比自己地位高的公猴，而且它还胜利了。紧接着，它又和另外一只强壮的公猴展开激战，20分钟之后，它竟然一路过关斩将，直奔猴王，一阵厮打之后，猴王落荒而逃，最后它竟然成了新的猴王！

那么，科学家到底给这只猴子注射了什么激素，让这只瘦弱的猴子发生了如此巨大的变化呢？其实就是男孩体内大量存在的“睾丸激素”。睾丸激素是雄性激素的主要成分，它对男孩的行为产生了很大的影响。这些激素决定了男孩通常都会比较好动而且会更看重级别，比如，一群男孩在一起玩，很有可能会分出老大、老二、老三之类的等级身份。

虽然说睾丸激素对男孩的影响很大，而这只是内在因素而已，对于男孩的成长而言，其实更重要的是外在的因素。而最重要的外在因素是什么呢？作者认为是“引导者”。在男孩成长路上，至少有三个非常重要的引导者。这三个引导者分别是谁呢？我们一起来了解一下吧。

首先，最最重要的引导者，是爸爸。

在男孩成长路上，父亲是最重要的角色。那么爸爸应该如何扮演好这个角色呢？我见过一对夫妻，他们在孩子出生前就已经做好了分工，说，在教育孩子的时候，妈妈负责慈爱，爸爸负责严格。孩子出生以后，他们就严格按照这种分工来带孩子。孩子一犯错，先是爸爸批评一顿孩子，然后是妈妈再哄孩子。久而久之，这个小男孩肯定是和爸爸越来越疏远，而爸爸呢，就觉得，为了孩子，也只能做出一点牺牲了。

可是，让爸爸预料不到的是，这个小男孩后来竟然变得有点娘娘腔，叫他去做事吧，就一直扭扭捏捏的，还老喜欢扑进妈妈的怀里撒娇。这位爸爸，牺牲了自己的形象，最后却还是弄巧成拙。

实际上，在男孩年幼的时候，爸爸最重要的任务就是陪孩子玩。爸爸陪孩子玩，有什么好处呢？孩子玩耍的过程，其实就是学习的过程。比如说打闹，研究发现，孩子在打闹中所学到的东西对他们以后的成长具有深远的意义。

如果和一个三四岁的小男孩打闹，你就会发现，开始时，小男孩很兴奋，但慢慢地他会失控，下手会越来越重。而这个时候，爸爸就要建议，注意是建议，而不是命令，建议男孩先停下来，然后蹲下来平静地告诉他，你的身体是宝贵的，我的身体也是宝贵的，如果有一方受伤，我们就不能再玩这个游戏了。所以啊我们要制定一些规则，例如不能用手肘和膝盖来撞别人，不能打别人的要害。能做到吗？这个时候男孩肯定会说“能做到”。然后你们就可以重新开始打闹了。

在这个过程中，男孩会逐渐地学会一个很重要的生活技巧，那就是“自控力”。要知道，自控力对于好动又好斗的男孩来说，实在是太重要了。

等孩子再长大一点，大概是上小学的时候，爸爸就可以给孩子讲讲自己过往的经历。这个年龄段的男孩，对于爸爸小时候的经历是非常好奇的，如果爸爸能讲一讲自己过去那些充满正能量的经历，这对男孩坚韧性格的养成也有很大的帮助。

特别提醒，这种做法仅适合孩子上初中之前，等男孩上了初中，他体内的睾丸激素将会达到人生中的最高值，这种生理变化会引起孩子的心理变化，男孩会开始质疑爸爸，然后叛逆期就开始了。

在孩子进入叛逆期之前，爸爸还有一件很重要的事情要做，那就是培养孩子的男子气概。怎么培养呢？很简单，那就是带着孩子去做一些男生该做的事情。比如搬东西、修东西、换灯泡等等。有时候，你还需要制造一些机会。爸爸可以带着男孩一起去洗车，虽然把车开到外面给别人洗也不贵，但这种锻炼的机会是很难得的。

以上就是爸爸在养育男孩的时候，要做的事情。接下来我们来聊一聊第二个重要的“引导者”，妈妈该怎么做。

妈妈要做的，除了确保孩子的身体健康之外，还有不少重要的任务。

比如，妈妈可以帮助男孩建立自信心。这本书里面举了一个例子，一个妈妈在周末的时候，经常带着自己的儿子去看棒球比赛。其实妈妈并不了解棒球比赛，于是她就向儿子请教，儿子很乐意啊，就兴高采烈地向妈妈介绍和棒球有关的知识和新闻，又向妈妈介绍哪些球员有哪些特点，等等等等。这样一来，以后这个小男孩一定会成为一个大暖男的。

妈妈还可以用女性特有的温情来化解男孩心中的焦躁。还是这本书里面的例子，有一个妈妈从小就引导孩子和她一起洗碗，两母子就会在洗碗的时候一起聊天，你想想看，洗碗的时候聊天有什么好处，洗碗的时候不能看电视、也玩不了手机啊，而且人在洗东西的时候内心是比较平静的。孩子在洗碗的时候，通常就会把自己最近遇到的烦心事告诉妈妈，然后妈妈就可以用建议的方式来引导孩子如何去解决那些难题。

最后提醒一点，不少妈妈很容易会变得唠叨，作者用严谨的科学研究结果告诉我们一个规律，那就是父母越唠叨，孩子的自律性就会越差。

妈妈在男孩的成长路上，不应该做指挥者，应该做孩子的军师。

好了，第二个重要引导者是妈妈。那第三个重要引导者是谁呢？是爷爷奶奶，还是外公外婆？都不是。看过这么多的教育专著之后，我发现，很多的教育专家都不赞同隔代教育。隔代教育存在着大量的弊端，具体就不多说了，我们有机会再聊。

孩子在进入青春期之后，他们很自然会变得叛逆，开始嫌弃自己的父母。做父母的，要忍一忍，熬过了这两三年，情况就会好转的了。

处于叛逆期的孩子，不喜欢听父母的，那这个时候怎么办？这就需要一个第三者来介入了。

这个第三者可以是孩子的老师，也可以是孩子身边的某一个优秀的成年人。父母会发现，这些“外人”说的话，一句顶自己的一百句。既然如此，那父母就要好好利用这个规律来帮助孩子成长。

比如我就经常遇到这样的情况：孩子的学习状态很糟糕，老是提不起学习兴趣，爸妈很着急，说孩子，孩子也不听，于是就找到我，让我和孩子聊一聊。通常来说，孩子在和一个亲切的老师交流的时候，他们更容易敞开心扉，也更容易接受老师提出的建议。虽然这样我会比较累，但父母这种处理的策略是值得提倡的。

最后我们总结一下：男孩体内的睾丸激素决定了他们通常会比较好动，14岁左右睾丸激素会达到最高值。男孩成长路上有三个重要的引导者，父亲主要负责陪孩子玩和培养孩子的男子气概，母亲主要负责帮助孩子建立自信和进行心理疏导，当孩子进入叛逆期的时候，就需要父母借助一个优秀的成年人来引导男孩度过动荡的青春期。

以上就是《养育男孩》这本书的主要内容，希望对您有帮助。

7. 如何面对叛逆的孩子

> 当你对孩子大喊大叫或者大打出手的时候，你的情绪是处于失控状态的，这其实是情商低的表现，对于孩子而言，这种行为顶多值得畏惧，但不值得敬佩。

今天我要和大家讨论一个正在困扰着很多家庭的大难题，那就是如何去面对叛逆的孩子。其实，这个难题不仅给很多的爸爸妈妈造成了巨大的困扰，也给我们老师带来了极大的挑战。

过去我们一直认为孩子的叛逆行为是一个非常自然的成长规律，以为孩子到了某个年龄阶段就很自然会产生叛逆的心理，只要等孩子度过了这个阶段就自然会有所好转。于是我们就理所当然地认为，面对叛逆的孩子，我们无能为力，只要耐心地等待，等待孩子度过这个可怕的叛逆期。

坦白说，过去我也是这样认为的。直到我看到了这本书——《叛逆不是孩子的错》，这本书告诉我们，孩子的叛逆是可以被改变的，只要方法得当，我们就可以顺利地建立起温馨幸福的亲子关系。

这本书的作者是美国著名的教育专家，他做了 20 多年的家庭教育咨询工作，和一千多个叛逆的孩子打过交道，而他自己也有三个孩子，对于叛逆，他的感悟特别特别深刻，所以总结出了很多值得借鉴的经验，接下来我们就一起来分享一下吧。

在介绍方法前，我先给大家描述一个平时在我们身边经常可以见到的场景。

一个妈妈叫她 10 岁的儿子先做好作业再玩，下面是他们之间的对话。

妈妈说："儿子，先把今天的作业做好了再玩。"

儿子说："为什么我不能先玩了之后再做作业？"

妈妈开始有点生气了，说话的声音变得更大了："你怎么老是这个样子？叫你'快点，不然上学要迟到了'，你就说'慢点没关系，我就喜欢上学迟到'；叫你'做作业专心认真点'，你就说'专心认真个鬼'；叫你'不要大喊大叫'，你又偏偏说'大喊大叫又怎么了'，我都快要被你气死了！"

然后，儿子大声地回答："你不也在大喊大叫吗？你这个妈妈真唠叨，气死了才好呢！"

妈妈一听这话，更生气了，于是就大声骂儿子，说："你这个没良心的东西！我真是养了个冤大头！"

好了，场景描述完了，我相信你一定会见过类似的场景。这个场景中的儿子，就是一个非常典型的叛逆的孩子，可是，当你听到这个孩子反问自己妈妈的时候，你有没有意识到，其实孩子的叛逆行为很可能就是我们亲手酿成的。

是的，这就是这本书的一个很核心的观点，叛逆不是孩子的错，孩子之所以会叛逆，并不是天生的，而是由很多不同的因素导致的。

那么，到底有哪些因素，会激发孩子的叛逆行为呢？作者首先指出的，就是父母错误的教育方式。那么，又有哪些错误的教育方式会激发孩子的叛逆行为呢？

第一是大喊大叫和打骂。很多父母觉得这种方法对于制止孩子的错误行为特别有效，原因很简单啊，孩子犯错了，你大喊一声，孩子马上就停住了，可实际上没有什么比这个更会让孩子产生叛逆行为了。要知道，当你对孩子大喊大叫或者大打出手的时候，你的情绪是处于失控状态的，这其实是情商低的表现，对于孩子而言，这种行为顶多值得畏惧，但不值得敬佩。当孩子看不起自己父母的时候，更容易和父母对着干。

第二是唠叨。唠叨会有什么危害？和大家分享一个小故事。美国著名作家马克·吐温有一次在教堂听牧师演讲。最初，他觉得牧师讲得很好，很感动，准备捐款。过了10分钟，牧师还没有讲完，他有些不耐烦了，决定只捐一些零钱。又过了10分钟，牧师还没有讲完，于是他决定，1分钱也不捐。到牧师终于结束了漫长的演讲，开始募捐时，马克·吐温由于气愤，不仅没有捐钱，还从盘子里偷了两块钱。这个故事告诉我们，唠叨会让人极度厌烦。

第三是打断孩子说话。如果孩子觉得他们说话的时候总是被打断，那就可能慢慢变得不喜欢和父母交流了。

第四是翻旧账。如果父母老是提起孩子过去犯过的错误，孩子怎么可能做到重新开始呢？

第五是故意引发孩子的内疚感。有些爸妈为了能让孩子更听自己的话，会特意向孩子抱怨自己的工作多么多么辛苦，可自己的孩子却怎么怎么不听话。他们以为这样会引发孩子的反思，其实错了，这样做通常只会让孩子同情他们，反复这样做的话，孩子会变得看不起自己的父母。

第六是讽刺孩子。当孩子犯错时，父母在一旁冷嘲热讽，会严重伤害到孩子的自尊心，这样会让孩子变得更不愿意和父母相处。

以上就是那些比较常见的、容易激发孩子叛逆行为的教育方式，各位爸爸妈妈，当然我作为老师也要提醒自己，我们一定要引以为戒，不要轻易犯下这些错误。

那孩子的错就一定是父母的问题吗？其实也不一定。作者研究过上千个叛逆的孩子，他发现，还有很多各式各样的因素会引发孩子的叛逆。

比如，身体的健康状况不太好，假设一个孩子身体不好，经常偏头痛，那他也很有可能会变得性情暴躁，从而变得不怎么配合爸妈的管教。

还有，孩子在学校遇到烦心事，没有得到及时的解决或者疏导，他们也会变得烦躁不安，他们心情不好的时候也会和爸妈对着干。

听到这里，可能就会有爸妈说，天呐，这么多因素会引发叛逆，难怪身边有这么多叛逆的孩子，这可怎么办呐？

不用担心。这本书的作者给我们分享了很多很好的建议。我挑出两个我认为最有借鉴价值的建议和大家分享。第一是倾听，第二是避免权力争夺。

刚才提到，引发叛逆的因素有很多，我们通常说治病要对症下药，要消除孩子的叛逆，也要找出孩子叛逆的根源。怎么找出根源，那就要倾听孩子的心声。

可能会有爸妈说，我经常和孩子聊天啊，可为什么没有效果？我们不妨回想一下，当我们和孩子聊天的时候，有没有试过打断孩子的话，孩子刚讲两句，我们就打断孩子，然后迫不及待地表达自己看似成熟的观点；再回想一下，好不容易等孩子讲完自己的一个观点之后，我们又语重心长地评判孩子观点的对与错。

这样做的后果是什么呢？孩子再也不喜欢和我们交流，就算有交流，也只会刻意地迎合我们的观点，而他内心真正的想法就不会轻易表露出来。

倾听的目的是为了了解孩子的真实情况，如果你想孩子敞开心扉，那就不要打断孩子的话，而且，不管孩子说得对不对，也不要马上做出是非的评判。

在这里推荐大家看一看《小别离》这部电视剧，里面由黄磊扮演的一个初中女生的爸爸，就做得很好。每当孩子犯了错，他通常就是先听孩子说说说，等孩子说完之后，就去找孩子他妈分析孩子的情况，然后两夫妻一起想出最合理的办法来引导孩子。

这是第一个建议，倾听。

第二个建议就比较高级了，叫作“避免权力争夺”。这是什么意思呢？

我给大家举一个我听过的例子吧。一个四岁的女孩在家里吃完香蕉之后，就随手把香蕉皮扔到了地上，爸爸见到了，爸爸说，你把香蕉皮捡起来。女孩说，我不捡。然后爸爸说，你必须捡，你要是不捡的话，别的东西你都不能玩了。女孩过去看电视，爸爸走过去把电视关掉，电视不准看，因为你香蕉皮没有捡。然后女孩去看书，爸爸又走过去说，书不能看，因为香蕉皮没有捡起来。后来女孩拿来一个东西给爸爸吃，说，爸爸你吃这个。女孩就是回避那个香蕉皮，我就是不想和你提香蕉皮那件事，我就是想和你缓解关系。他爸爸说，对不起，我现在不能吃，因为你没捡香蕉皮。这时女孩终于忍不住大哭起来。

这就是典型的权力争夺。爸爸想要在女儿面前树立“说一不二”的权威形象，于是就采取了非常强硬的手段来逼迫孩子执行自己的命令。为了理解和帮助你的孩子，千万要记住一点，没有什么事情会比你与你的叛逆孩子进行权力之争更糟糕的了。长期如此，只会不断地加剧孩子的叛逆。

那我们能怎么办？难道就这样让孩子肆意妄为吗？当然不是。作者说，我们应该冷静、坚决的方式来处理。比如，同样还是上面那个场景。女儿把香蕉皮扔到了地上。正确的做法应该是，爸爸冷静地走过去，先平静地问孩子为什么香蕉皮会掉到了地上。如果孩子马上捡起来，那这件事就马上结束。如果孩子不愿意捡起来，爸爸就应该先用最简短的话来说明为什么香蕉皮扔在地上不好，然后表明观点，我们应该捡起来，我希望五分钟之内你可以亲自捡起来，如果五分钟之后你没捡，那我就去捡起来。相信我，如果爸爸这样做，女儿一定会在五分钟之内把香蕉皮捡起来。

这就是这本书封面说提到的“放弃对孩子的控制，才能获得更多的掌控权；不再强迫孩子听话，孩子才会开始听你的话”。我觉得这句话真是充满了哲理，值得我们反复斟酌。

好了，总而言之啊，做父母真的很不容易，做一个优秀的父母更不容易。我们一起加油吧。

8. 别让自己的“教育洁癖”害了孩子

> 教育，是一种艺术，需要留白；教育，也是一种智慧，需要懂得取舍；教育，还是一种生活哲学，不追求完美才能更接近完美。

今天先和大家分享一个很经典的小故事。一个秋天的早晨，天气并不冷，一间小学的校门口有很多孩子来上学，有穿长袖的，有穿薄秋装的，还有穿短袖 T 恤的，其中有个小姑娘显得非常特别，为什么呢？因为她竟然穿了羽绒服！有个好奇的小男生就走过去问她：“你怎么把羽绒服都穿来了，有那么冷吗？”小女孩无奈地抬头望天，一脸惆怅地说：“我不冷，但有一种冷，叫妈妈觉得你冷。”

再和大家分享一件真实发生过的事情。一个四岁的小女孩准备跟着奶奶去隔壁找小朋友玩，这时妈妈突然跑过来，扯住女孩说，先别走，拉了大便再走。小女孩一听，愣住了，可我不想大便呀！于是小女孩拒绝了妈妈的要求。可是妈妈并不打算做出任何的退让，她开始大声批评孩子：你每次都是这样，别人要出门，你也急着出门，又不自觉拉大便，要别人叫你拉才肯拉！真是气死我了！小女孩抵挡不住妈妈的严厉批评，只能乖乖地走进厕所，勉强地拉了一点。

拉完大便之后，小女孩终于可以出门了。一段时间过后，小女孩从邻居家回来了。小女孩一到家就直接窜进奶奶的房间里，故意躲开妈妈。没过一会儿，妈妈又开始着急了，急匆匆地闯进奶奶的房间，一把扯住孩子，要孩子马上去洗澡。小女孩崩溃了，大声哭了出来，一边哭还一边说：妈妈我错了，你饶了我吧！

一个只有四岁的小女孩，竟然对着自己的妈妈说，你饶了我吧。可想而知，她平时受到了多么巨大的委屈。

前面提到的两位妈妈，你能说他们不爱自己的孩子吗？不可否认的是，她们都很爱自己的孩子。但是，她们关爱孩子的方式真的是错得太离谱了。关爱孩子，确实是一门艺术，这就像画一幅中国画，有些地方的颜色该浓一点，有些地方的颜色该淡一点，还有一些地方需要留白、什么都不画，这当中体现了生活的美学又富含哲理，需要我们仔细斟酌。

到底怎样才算是好的关爱孩子的方式呢？今天我要向各位爸妈介绍一位非常优秀的妈妈以及她写的一本书。这位妈妈曾经是北京师范大学的教育学硕士，她的女儿也是品学兼优，16 岁参加高考，取得了超过当年清华大学录取线 22 分的好成绩，被内地和香港两所名校同时录取，现在已经从美国的常春藤盟校硕士毕业。

她就是《好妈妈胜过好老师》的作者尹建莉。她的作品影响力非常巨大，单单是《好妈妈胜过好老师》就已经卖出了超过六百万册。今年，经过了八年的沉淀之后，她终于出版了《好妈妈胜过好老师》的第二部。今天，我们就一起来分享她的这本最新的作品。

前面提到的两个小故事，其实就是出自于尹建莉的这本新书。作者在书中引用这两个例子，就是为了表达她的一个核心观点——管孩子不如接纳孩子。

所谓的“接纳”孩子，就是包容孩子暂时性的错误，接受孩子的不完美。这个听上去简单，但是做起来真的很不容易。

当一对夫妻手里抱着刚出生的婴儿时，他们通常都会暗暗地发下誓愿，一定要把孩子培养成一个优秀的人。于是在日后的养育中，对孩子的教育无微不至，时刻关注孩子的行为、习惯，生怕孩子走错一步之后就越走越远。

过度的关注，引起过度的管制。怕孩子的身体不健康，天气稍微凉一点就给孩子穿上厚厚的羽绒服；怕孩子没有养成规律大小便的习惯，就逼迫孩子按照自己的要求来大小便。

有一位妈妈写信给尹建莉，说她一岁三个月的女儿非常好动，总喜欢到处翻东西，什么东西都要玩，比如锅碗瓢盆、棉签、瓶子、卷纸、板凳什么的都要玩，然后问尹老师该怎么办？

为什么有些爸妈无法忍受一岁多的孩子太好动呢？我们听到的原因通常都是说，孩子小的时候不管严一点，长大后就不好管啦！可是尹建莉通过总结她这么多年的观察之后，告诉我们一个看上去非常具有颠覆性的道理：父母在孩子小的时候管得越严格，孩子长大之后很可能会越难管。

其实道理也很简单，如果父母对孩子的限制太多，就会使孩子的大部分精力和心思都用来和家长对抗，久而久之，孩子就会形成一种与爸妈对立的心态。

为什么有些爸妈无法忍受一岁多的孩子太好动呢？其实，说白了就是孩子的表现不符合他们内心的期望。很多父母在孩子年幼的时候就开始按照自己心目中的标准来倾力打造一个完美儿童。可实际上，正是这种追求完美的心态，祸害了自己的孩子。

这种追求完美儿童的心态，我们称之为“教育洁癖”。有教育洁癖的家长，他们无法忍受孩子存在的一点点瑕疵，在他们看来，孩子不允许迟到、不允许拖拉、不允许大吵大闹、不允许有任何的坏习惯、不允许有一点点性格缺陷。太多的期望加太多的否定，会让孩子背负沉重的包袱，他的世界塞满了负能量，格局无法宽广，只能变得反叛、胆小、自卑，没有价值感。

各位亲爱的爸爸妈妈，请一定要放下培养“完美孩子”的想法，真正接纳孩子的所有。你越无视他的不足，他就会成长得越完美。

和大家分享一个故事。一位儿子的妈妈在儿子上幼儿园后第一次参加家长会时，老师对她说：“你儿子有多动症，你最好带他去看一下医生。”回家之后，儿子问妈妈，老师说了什么。妈妈对儿子说：“老师表扬宝宝了，原本 1 分钟都坐不住，现在能坐 3 分钟了。”

那天晚上，儿子破天荒地没让妈妈喂，自己吃了两碗米饭。

儿子上小学后的家长会上，老师告诉她：“你儿子的成绩在班里排倒数第二，你最好带他去医院检查一下，看看是不是智商有问题。”回家后，妈妈悄悄擦干了自己的眼泪，对儿子说：“老师对你很有信心。他说，你只要细心一点，就会超过你排在 21 名的同桌。”

她的话一下子驱散了儿子眼中的阴霾，儿子的脸上绽放出了灿烂的笑容，乖巧得让她吃惊，第二天早早地就去了学校。

儿子上初中后的家长会上，她本来以为老师会像往常一样单独找她反映儿子的问题，出乎意料的是这一次老师没有找她。家长会结束后，有些不习惯的她去找老师，老师说：“以你儿子现在的成绩来看，考重点高中有点危险。”

她开心地走出校门，望着在校门口等待他的儿子，露出了甜蜜的笑容。路上，她告诉儿子："班主任对你非常满意，他说，只要你再努力一点，就有希望考上重点高中。"

几年后，儿子高考结束，这时的妈妈对儿子充满了信心。当儿子把清华大学的录取通知书交到妈妈的手上时，儿子突然跑到自己的房间里大哭起来。原来儿子一直都知道自己并不是个聪明的孩子，是妈妈对他的包容和鼓励成就了今天的自己。

教育，是一种艺术，需要留白；教育，也是一种智慧，需要懂得取舍；教育，还是一种生活哲学，不追求完美才能更接近完美。

9. 如何处理宝宝失控的睡眠

> 在帮助和探索的过程中，切记，不要妄想立竿见影，要多给宝宝“练习”的机会。如果你问我，引导宝宝学会自主入睡的秘诀是什么，我的答案肯定不是什么方法，而是“平和的心态”。每一次见证宝宝取得喜人的进步前，我的内心早已反复说过多次这样的一句话：“试一下吧，成功固然好，不成功就当作是练习。”

带过娃的人都知道，带娃的苦，很大一部分来自宝宝失控的睡眠。这种情况我早有耳闻，所以还没等宝宝出生，我就早早地读了一大堆关于婴幼儿睡眠的书。可以说，真是多亏了这些好书的指导，我才能在带娃的这条路上走得轻松一点。

其中最让我感到惊喜的，就是我的宝宝在两个半月大的时候就学会了自主入睡。每次睡觉前，不需要哄睡，只需要把她放到婴儿床，塞上安抚奶嘴，她就能自己睡着。到八个月大的时候，她戒掉了安抚奶嘴，在没有安抚奶嘴的情况下，也能在几分钟内安然入睡。

自从宝宝学会了自主入睡，我的产后抑郁一下子就好了，休息时间也更多了，感觉就像是捡回了一条小命。看到这里，你是不是很好奇，这些能够“救命”的书到底是哪几本呢?

事不宜迟，马上把我心目中的好书推荐给你。

这两本书是《实用程序育儿法》和《婴幼儿睡眠全书》。《实用程序育儿法》是一本经典的婴幼儿养育指南，出版 16 年，一直深受好评。而这本《婴幼儿睡眠全书》，因为作者本身是一位中国妈妈，所以她的指导更符合中国国情，而且指导得非常细致，连如何挑选睡袋都说得清清楚楚。

实操性强，是这两本书的共同特点，不仅如此，她们还会帮助我们走出很多认知的误区。比如，我曾经很想当然地认为：婴儿不肯睡觉是因为她不困，婴儿睡不着是因为睡太多，婴儿晚睡就意味着晚醒。结果发现这些认知都是有偏差的。

其实，走出认知误区，问题就已经解决了一大半，因为只要不犯下这些常见的错误，就能少走一些弯路、少受一些折磨。

那么，另外一半的问题，靠什么来解决呢？是巧妙的方法吗？这两本书确实分享了很多实用的好方法，但是我们都知道，不同的宝宝有不同的情况，并没有某一种方法适用于所有的宝宝。与其着急学“术”，不如先悟“道”。也就是说，在解决婴幼儿睡眠这个问题上，先了解一些重要原则，比匆匆忙忙地学习技巧更重要。

这两本书看下来，我总结了三个重要原则。

第一，想要宝宝睡得好，安全感觉少不了

我相信很多父母都会认同这一点，毕竟宝宝刚来到这个陌生的世界，安全感对于他们来说，太重要了。别说刚出生不久的宝宝，就算是我们成年人，在缺乏安全感的时候也睡不着。想象一下，现在把你扔到某个热带雨林深处的一

张床上，你睡得着吗?

我也相信很多父母都知道，宝宝的安全感，来源于熟悉的人、环境和照顾者的及时回应。然而，除此之外，还有一个安全感的来源很重要却常常被养育者忽略，那就是“可预知的作息安排”。

如果宝宝能提前知道即将要发生的下一件事，那么，这种“心中有数”的感觉也会给她们带来更多的安全感。而有规律的作息安排、固定的仪式，都能帮助宝宝排除来自未知的恐惧，获得这种“可以预知一切”的安全感。

特别是固定的睡前仪式，对于引导宝宝自主入睡会有很大的帮助。宝宝满月之后，我就开始每天晚上重复固定的睡前仪式：洗澡——抚触——喝奶——清洁口腔——玩布书——换纸尿裤——说晚安——进卧室——穿睡袋——吸奶嘴——睡觉。

刚开始宝宝还需要抱着哄睡，但重复这个睡前仪式一个多月之后，她终于告别哄睡，学会了自主入睡，而且一睡就是好几个小时。

第二，想要宝宝睡得好，舒适感觉少不了

舒适感对睡眠的促进作用无须赘言。

当初，为了确保宝宝能睡个好觉，我买了很多款不同的睡袋给她尝试，翻车多次之后才终于选到最适合她的睡袋。而且，我还养成了一个习惯，每次宝宝睡觉前，我都会逐个问自己一堆的问题：宝宝有没有太饿或者太饱? 情绪平静了吗? 纸尿裤换好了吗? 光线调暗了吗? 卧室的温湿度都调好了吗?

说到这里，我特别想帮一些传统养育者消除对空调的偏见。我身边有些养育者，他们认为空调对宝宝的健康有害，能不用就不用，就算用也不太敢把温

度调得低一点。其实，对于宝宝来说，最适宜睡眠的环境温度是 20 到 23 摄氏度左右。如果想避免空调对宝宝的伤害，确保做到以下这三点就行：一，空调已经清洗干净；二，宝宝的身体是干爽的；三，空调没有直吹宝宝。

这些前期准备确实有些许烦琐，但是能换来我们和宝宝一整晚的安睡，算下来，“投资收益率”还是挺高的。

第三，想要宝宝睡得好，平和心态少不了

心态平和？宝宝吗？不是，是养育者的心态要平和。

婴幼儿的睡眠问题特别磨人，毫不夸张地说，简直就是对一个人耐性的极大考验，面对那个迟迟不肯睡或者想睡又睡不着的宝宝，有多少父母曾徘徊在崩溃的边缘？而这个时候，唯有平和的心态，才能辅助我们走出困境。

情绪具有传染性，我们焦躁，宝宝也会跟着不安；我们平和，宝宝的情绪也会变得稳定，从而更加容易入睡。

那么，如何才能让自己的心态更加平和呢？关键在于调整思路。比如，摒弃“调教”宝宝的念头，树立“帮助”的意识。假如你老想着调教宝宝，一旦宝宝迟迟不肯睡觉，你就容易觉得宝宝在和你作对。但是，假如你想的是帮助宝宝，这个时候你就会想：这孩子，太不容易了，想睡觉又不会睡，再帮帮她吧。你看，这两种心境完全不一样。

再比如，想要心态平和，还可以多尝试去“探索”适合自家宝宝的睡眠模式。是的，是探索，而不是照搬。实现自主入睡的方法有很多，直接照搬其中一个方法，中途遇挫的时候就容易陷入怀疑和失望的情绪。而“探索”可以给这个过程增添一丝类似于玩解谜游戏的趣味性。

在帮助和探索的过程中，切记，不要妄想立竿见影，要多给宝宝“练习”的机会。如果你问我，引导宝宝学会自主入睡的秘诀是什么，我的答案肯定不是什么方法，而是“平和的心态”。每一次见证宝宝取得喜人的进步前，我的内心早已反复说过多次这样的一句话：“试一下吧，成功固然好，不成功就当作是练习。”

附录

没有亲情，博览群书也枉然

他们的考试分数被屏蔽了，凭什么

北大不是你想进，想进就能进

点燃梦想的青春最绚丽

推荐父母阅读的好书

1. 没有亲情，博览群书也枉然
——南方日报采访直播实录

有人问我：亲子阅读应该怎么读?

对于这个问题，我通常都会先问家长：你进行亲子阅读是为了什么？而我得到的回答有时是“为了完成老师布置的任务”，有时是“为了培养孩子的阅读兴趣”。

这些观念，都小看了“阅读”这件事在家庭教育中的作用。

其实，书本既是窗口，让孩子看到浩瀚的知识星空；书本也是桥梁，让我们建立起更亲密的亲子感情。当“阅读”这件事承载着满满的爱，我们怎能不喜欢它一辈子呢?

昨天，我有幸参加了《南方日报》南方＋特别策划的直播节目，和大家一起探讨了关于“家庭教育”和“阅读”的问题。

下面是直播的图文实录。希望你能从中找到你最关心的问题，并能收获到具有参考价值的建议。

第一部分：关于“家庭教育”

主持人：陈老师，之前网上有一段很火的视频，就是一个家长教自己的小孩子写作业教到情绪崩溃，这段视频在网上引起热议，引发很多家长的共鸣，甚至有家长表示曾经教小孩写作业教到心肌梗塞住院。看来这教小孩真不是件容易的事。

陈政桦："不写作业母慈子孝，一写作业鸡飞狗跳"，教小孩的确不是件容易的事。

有句话说，养小孩比造火箭还难。确实，造火箭，你只要按照固定的程序去做，就不会出什么问题；可是养育孩子，没有固定的程序，还充满了变量，孩子经常会做出让你意想不到的事情，所以说，养小孩比造火箭还难。

但也恰恰是因为它难，才给我们家长创造了一个再次成长的机会。我非常认同一句话："为人父母，是一场修行。"在解决困难的过程中，我们可以获取很多人生的智慧。

主持人：那陈老师，像视频里这种情况应该怎么解决呢？家长该怎么做？孩子又该怎么做？

陈政桦：我想先从开车这件事讲起。我们开车的时候，怎么开，才能开得又快又好呢？是盯着方向盘开好，还是盯着远处开好呢？凡是开过车的人都知道，盯着方向盘开车，是很容易出事故的。而我们家长在辅导孩子写作业的时候，其实就如同盯着方向盘开车。

家长对孩子的学习，进行精细化的管理，未必是一件好事。与其关注孩子这道题有没有做对，不如关注孩子有没有建立起独立的学习习惯。

我们做家长的，必须要有"边界意识"。所谓的边界意识，就是分清哪些是自己的责任，哪些是孩子的责任。学习是孩子自己的责任，我们不应该过度干预。

至于学习习惯的培养，我可以给出以下几点建议：

第一，要有固定的学习场所，最好用书房来写作业。千万别用饭桌或者茶几来做作业。

第二，建立一种仪式感。设一个闹钟，只要闹钟一响，马上把家里的所有娱乐设备关掉，比如电视机，全家进入学习时间。

第三，家长强化学习氛围。家长监督孩子写作业，骂声一片，其实学习氛围并不好，家长还不如静静地坐在附近，也拿起书本一起学习。

你看，固定的时间、固定的地点，还有人在旁边树立榜样，这样才能培养出良好的学习习惯。

主持人：看来作为一名家长，特别是做一名优秀的家长真的要做很多功课。

陈政桦：其实，家长是可以分为四个层次的。

第一个层次是“肯为孩子花钱”。这类家长认为钱可以解决所有的教育问题，他们以为花钱给孩子读最好的学校就可以了。

第二个层次是“肯为孩子花时间”。这类家长会抽出时间来陪伴孩子，比如带孩子旅游、陪孩子写作业。

第三个层次是“肯为孩子学习”。这类家长会去学习更多关于教育的方法和技巧。

第四个层次是“肯为孩子改变”。改掉自身的教育陋习和落后的教育观念，是最难的，但也恰恰是这种父母，最有可能教育出卓越的孩子。

当然，我们必须指出，要想改变，肯定要先学习。这个时代变化这么快，不断学习，才是制胜的法宝。正所谓“父母好好学习，孩子才能天天向上”。

主持人：“不断学习”是要学习哪些内容呢？

陈政桦：首先，很多人以为，学习，就是要正儿八经地坐在那里看书。其实不是的。

学习的方式很多，比如听音频（喜马拉雅 FM 和得到 App 上面就有很多知识类的音频节目），比如和某个领域的专家聊天、去参观博物馆、去听讲座、去旅游等等。

至于学习哪些内容，我觉得要分两类。

一类是拓展自身爱好的，比如学习茶艺、花艺、乐器等等。

另一类是更新自身教育智慧的，比如多看一些成功的教育案例，比如著名演员黄磊，他出了一本书，叫作《我的肩膀，他们的翅膀》，这里面就透露出他的一些很好的教育心法。除此之外，我们也可以多向身边的优秀父母取经，请他们吃顿饭，好好聊一聊，一定会有很多的收获。

主持人：不断学习除了更有利于指导小孩的作业外，是不是对营造良好的家庭氛围也有帮助？

陈政桦：这是肯定的。父母有自己的爱好，才是一个完整的人，才是一个有幸福感的人，幸福感和焦虑感都会传染给孩子，与其传染焦虑感给孩子，不如把满满的幸福感传递给孩子。

还有，父母经过学习之后，积累了更多的教育智慧。什么叫智慧？智慧，就是能看清复杂问题的本质，然后用简单的方法解决复杂的问题。孩子出问题，马上就能看出问题的本质，然后迅速解决，这样，这个家就有更多的时间一起去进行一些亲子活动啦。比如带着孩子去拓展一下视野。

主持人：说到拓展视野，其实现在很多家长会注重带小孩外出游玩，您觉得有帮助吗？怎么样选择游玩的地点和方式才更有用？

陈政桦：有帮助。“两耳不闻窗外事，一心只读圣贤书”，只会培养出高分低能的书呆子。外出游玩，也是另一种学习的方式。

在这方面，我身边有一些家长做得特别好。和大家分享一下。这个方法就是，家长提供预算，让孩子去策划一场亲子自助游。其实去哪里旅游并不是最重要的，更重要的是，给孩子一次锻炼和展示自身价值的机会。

这种方式的效果确实很好，我身边用过这种方式的家长，他们孩子的自信心和独立意识会变得比以前更强。

主持人：谈到寒假家长带孩子游玩，那其实还有个陪伴的问题想问下陈老师，家长如何高质量的陪伴孩子呢？有家长说他明明花了很多时间陪在孩子身边，可是孩子越来越不喜欢他的陪伴。

陈政桦：对于这个问题，我想反问一句：你是喜欢和盛气凌人的领导待在一起，还是喜欢和平易近人的朋友待在一起？而我们身边，总有一些家长，把自己看成是孩子的领导，孩子当然不喜欢和这种摆出一副领导架子的父母在一起。

有些家长总有说不完的大道理，实际上，讲道理是很低级的教育方式。你想想，现在有多少成年人，懂得了很多道理，却还是过不好这一生？聊一聊孩子感兴趣的话题，这样的教育效果反而更好。

主持人：有一种说法是，一个家庭要以大人为中心，而不是以小孩为中心，您怎么看这种说法呢？

陈政桦：我部分认同这种说法。准确来说，一个健康的家庭，应该是以夫妻关系为核心。这就是我们常说的“健康家庭第一定律”。

孩子的父母，既是家庭的基石，也是家庭关系的纽带，上有老下有小嘛。我身边有些学生有时会“吐槽”自己的父母总在秀恩爱，我看得出来，这些学生的内心是充满了安全感和幸福感的。夫妻相爱，会让整个家庭充满正能量，这种正能量会给孩子带来很多成长的营养。

相反，假如两夫妻因为孩子的教育问题而争吵，不管最后谁吵赢了，这个“家”都是输了。

第二部分：关于“阅读”

主持人：陈老师，结合你多年的教学经验，你觉得学生在语文学习方面主要有哪些问题？

陈政桦：最大的问题是很多学生不知道“语文”学习究竟是学什么。

首先，“语文”无论是理解为“语言文字”还是“语言文化”，都不只是知识，还有思想、情感、能力、视野和价值观，这是语文学科“人文性”的体现。所以，学生在学习语文的过程，不要只是关注语文考试本身，一定要带着感情去学。

其次，就是语文学科它的另外一个特点是“工具性”。我们学语文的过程，也是在学习如何利用文字这个工具表达的过程。作为中国人，语文是我们的母语，语文学科是我们中国人这一辈子最基础的必学的学科，涵盖了听说读写等诸多实用的技能。

举个简单的例子，为什么有的人仅仅通过谈吐交流就可以让人觉得气质涵养与众不同？为什么有的人笔下的文章酣畅淋漓，让人读起来赏心悦目。这都是合理或者灵活使用文字的结果。

主持人：听说初中教材有更换，陈老师作为一名资深语文老师，想问下这其中在语文方面有哪些变化呢？那对于语文学习有什么建议呢？

陈政桦：从 2017 年 9 月 1 日开始，全国各地将使用教育部编版的语文教材。拿到新教材后我们会发现，课文的篇数减少了。课文篇数的减少意味着对语文学习的放松吗？不是的。而是加强了“三位一体”的教学结构。

所谓的“三位一体”的教学结构，就是：教读、自读和课外阅读。新版教材更强调学生的自主阅读，并教授不同的阅读方法。阅读是学语文的基础，注重阅读意味着初中语文更强调，精读的鉴赏、品析能力、对信息快速提取能力等等各种语文阅读能力。

主持人：其实阅读跟其他的科目很不一样，它其实浸透在我们的日常生活中，而良好的阅读习惯也是要从小培养的。那么，在家庭教育中，如何从小培养孩子的阅读兴趣？

陈政桦：我们首先要区分两个不同的概念，“培养兴趣”和“培养技能”是不一样的。培养技能，我们可以通过强迫的方式来培养，比如游泳，孩子说不想学游泳，家长也能逼着孩子学会。

可是兴趣，不能通过强迫的方式来培养，兴趣，需要引导。世界上最聪明的犹太人，流传着这样的一个风俗：孩子刚出生不久，犹太父母就会在书上面涂一些蜂蜜，然后让孩子舔。这个风俗虽然不一定是真的，但这种理念是好的——要让孩子尝到读书的“甜头”。

具体我们可以怎么做呢？我们可以带着小朋友去书店，让他在书店里随便挑他喜欢的书来看，孩子很喜欢的，就买回家。买回家之后，如果小朋友读不懂，父母就给他讲解，讲解的时候一定要生动。总而言之，孩子在最初接触书本的时候，一定要让他对书本产生好感。

罗振宇还介绍过一种方法。那就是制造神秘感。小时候，他的父母就跟他说，爸妈房间里书柜上哪里哪里的书，你千万不能看。他的父母越是这样说，他就越好奇。某天，他终于忍不住，偷偷拿走了一本书去看，不知道为什么，他居然看得津津有味。原来，这其实是他父母特意制造的神秘感。

主持人：家长和小孩共同阅读的时候应该注意些什么？

陈政桦：亲子共读，有两种方式。

一种是爸妈拿着一本书，带着孩子一起读，这种方式比较适合幼儿园的小朋友。一般都是父母带着孩子一起读绘本。这种方式，考验的是父母的语言能力，建议父母提前做一下准备，越充分越好，毕竟这决定了孩子对书本的最初印象。

另一种是，父母和孩子分开来读同一本书，这种方式比较适合小学四年级以上的孩子。说到注意事项，我觉得父母首先要明确，亲子共读到底是为了什么。

我认为，最好的目的，应该是为了“增进亲子感情”。同读一本书，就是一次创造共同话题的机会，这是非常难得的。别在意孩子读得透不透彻、深不深入，我们更应该谈一谈其中有趣的细节。

请记住，这不是一次学术研讨，是一次亲子之间的聊天。

在这里我推荐两本非常适合亲子共读的好书，一本是《虫子旁》，另一本是《中国生活记忆》。

为什么推荐这两本呢？第一本是介绍昆虫的，这本书可以创造一个亲子一起去探索大自然的契机。第二本书介绍了新中国成立以来衣食住行的变迁，图文并茂，这可以创造一个父母介绍自己罗曼史的契机，让孩子吃一把父母的“狗粮”，孩子也是挺幸福的。

主持人：家长是否需要给孩子制定一个读书计划呢？还是随意，根据孩子的喜好来？

陈政桦：如果你想孩子变成一个读书机器，那就给他制定读书计划。读书，其实是一件挺私人的事情。我们常说，读书如交友嘛。交友，不就是一件很私人的事情吗？

当然，我们父母担心孩子“交友不慎”，是可以理解的。那怎么办呢？带他走进高级一点的朋友圈。什么意思？有一些书店，只卖高品质的书。我们可以带孩子去这些书店选书。比如，广州的方所书店，孩子在里面随便选一本，都是精品，不需要担心孩子选错书。

主持人：陈老师，作为一名语文老师，你觉得学生在阅读路上有哪些误区呢？该如何避免？

陈政桦：根据我个人的观察，比较常见的阅读误区主要有这四种：

第一种误区，是对书本怀有过多的敬畏感。有学生觉得，书本就是高高在上的、是很神圣的，这种心态会给读书这件事带来没有必要的心理压力。其实，我们倒不如把读书看成是读信，带着一颗轻松的心情去读书，才能享受读书的乐趣。

第二种误区，是重记忆、轻思考。有的学生老是觉得看一本书，就是为了记住书里面的内容，这其实是错误的观念。看书，更应该是一种思想的洗礼和思维的锻炼。看到一则感人的故事，是思想上的洗礼；看一段精彩的议论，是思维上的锻炼。

第三种误区，是缺乏批判性思考。有的学生觉得书本的内容全都是对的。正所谓“尽信书则不如无书”，带着批判性的思维去看书，才能真的有所收获。

第四种误区，是只读不写。看完一本书之后，及时把自己的所想所悟，甚至是一些反对的观点写下来，会起到一个画龙点睛的作用。

主持人：对了，我了解到一个阅读的情况是这样的，孩子很喜欢阅读，也读了不少书，但是一考起试来，阅读题就做得不太好，为什么会这样呢？

陈政桦：坦白说，要做好考场上的阅读题，不仅需要阅读能力，还要掌握一些应试的技巧。喜欢读书，但做不好阅读题的，一般都是因为缺乏应试技巧。

主持人：孩子上初中了，喜欢看网络小说，比如言情小说这些该怎么办？

陈政桦：孩子上了初中，情窦初开，喜欢看言情小说，这是可以理解的。但是我们要记住一个规律：孩子到了这个青春的敏感期，你越是不让他做，他就越想去做。也就是说，你越是禁止他看，他就会越喜欢看。

说到网络小说，网络小说的发行几乎没有门槛，任何人都可以在网上发布小说，这种小说的质量可想而知，非常没有保障。

那怎么办呢？学大禹治水，堵不如疏。首先孩子喜欢看书，这是好事。这种情况下，我们可以带孩子去高品质的书店，拓展一下孩子的视野。我非常喜欢广州的方所书店，这个书店很大，书的类型也非常丰富，而且每本书的质量都很高。在这里，你肯定见不到劣质的小说。

当孩子见识到原来这个世界上还有这么多有趣的书的时候，那就不要犹豫了，赶紧买买买。

主持人：寒假开始了，学生有更多自由的时间。不少学生都会利用这段时间看些书籍，陈老师能不能有针对性地给小学阶段和初中阶段的学生推荐一些书呢？

陈政桦：适合小学阶段阅读的书，我不太了解，所以我在这里就不随便推荐了。至于适合初中生阅读的书，我了解得比较多，我的公众号里面就有很多的书单。

今天在这里向大家介绍一本适合中学生阅读的好书——《蒋勋说文学》，蒋勋一位是来自台湾的美学大师，他的作品既通俗易懂，又充满美感和韵味，是提升文学素养的一本好书。

主持人：如果孩子就是不喜欢看书，那家长该怎么引导呢？

陈政桦：孩子不喜欢看书，有很多的可能性。

第一，孩子可能存在阅读障碍，这种孩子的智力没有问题，这只是一种生理上的问题。这种情况的解决方案比较复杂，时间有限，我就不展开了。

第二种可能，书本的阅读难度过高。一块四十斤的石头，也许一个十五岁的孩子可以抬得起来，但对于十岁的孩子来说，实在太为难。读书也是同样的道理，一本有一定难度的书，十五岁的孩子读得懂，十岁的孩子未必读得懂。经常读那些读不懂的书，久而久之，就会产生厌倦情绪。

第三种可能，没有营造好的阅读氛围。如果孩子在阅读的时候，家长在附近看手机、看电视或者聊天，这都会破坏孩子的阅读氛围。

基于上述可能，我们能做的就是，帮助孩子选择适合他这个阶段的好书，然后营造一个良好的阅读环境给孩子。

主持人：现在是碎片化阅读时代，大人们都爱利用些碎片化时间去阅读，孩子手机用多了也会接触很多碎片化阅读，那么碎片化阅读好不好呢？

陈政桦：碎片化时代的生存之道，就是要学会利用碎片化时间。能用碎片时间去阅读而不是去刷微信、玩游戏，这本身就值得表扬。

碎片化阅读也可以做到很好的学习效果，只要这些碎片能够形成系统的知识结构，这就够了。

2. 他们的考试分数被屏蔽了，凭什么

> 要把学习当作一件乐事，享受获得知识的过程以及消化知识后的满足感。掌握的知识越多，你的内涵也会越丰富，也会更有信心，对考试的畏惧自然也小了。

做老师，最开心的那一天，既不是教师节，也不是发工资的那一天，而是自己的学生学有所成的那一天。

前不久中考放榜，当我和学生抱在一起欢呼雀跃的时候，满满的幸福感在我的身体里剧烈地涌动。做他们追逐梦想的辅助者，这就是我幸福感的源泉。

今年佛山市屏蔽了中考总分前20名的高分考生的分数，被屏蔽了分数的这些学霸当中，有3位是和我朝夕相处了两年的学生——何映晖、陈锐峰和陈岳纬。

他们都拥有着优秀的学习品质和科学高效的学习方法，而且这些品质和方法都非常值得推广，因此我邀请他们写下了经验总结，独家发布在桦语文，希望这些总结能帮助到更多想要成为学霸的同学。

切记：成为学霸，靠的不是想，而是行动。

何映晖

“音乐与学业相辅相成”

在 2017 中考中，我取得了佛山前二十名的好成绩，这与我的学习方法与学习习惯密切相关，下面我来介绍一下自己学习的经验。

学习方法方面，我认为提高课堂效率是最重要的，因为老师在课堂上讲的内容往往是老师以自己的经验来提炼的，对考试很有帮助。

而且在课堂上不能只坐着听，一定要勤做笔记，不要过于相信自己的记忆力。记笔记时一定要有自己的一套规律，让笔记清晰明了，因为我认为课后再整理笔记是很费时间的。

其次，我认为刷题是学习中必不可少的环节，原因有三：一，课后的刷题可以帮助我们巩固知识点；二，中考前，了解透中考题型后，针对自己的薄弱题型来刷题，可以起到查漏补缺的作用；三，在心态方面，足量的刷题能是我们更有底气，在考场上从容淡定。

同时，画思维导图也是一种很好的学习方法，它可以让你明晰知识点之间的关联性，达到学得通透的效果。

然而学习不但要有硬实力，还要有软实力。学习中心态的调整至关重要。以我个人为例，初三下学期三次大考成绩连续滑坡的重要原因就是心态不好。而我调整心态的方法主要是跑步，还有就是给自己减压，增加睡眠时间，多在学校里散步等等。最后中考时，我已完成了心态的调整，于是发挥出了自己的水平。

学习中合理分配时间也是很关键的。初一初二时，我参加了很多学校里的艺术类活动，需要频繁地练习乐器，这时我会提高自己在课室做作业的效率，认真地完成学习任务，同时抽出周末来练习乐器，发展自己的特长。

总之，发展特长的同时我会保证自己学习的时间，从而不耽误学习。再者，我认为学习音乐和学习是相辅相成的，音乐在幼年时可以开发智力，在生活中可以陶冶情操，在考前可以放松身心，所以只要正确处理时间，是不会影响学习的。

陈锐峰

“好成绩，心态占 5 分，运气 3 分，实力 2 分”

其实我知道这个消息的时候内心是比较平静的。因为我觉得我已经全力以赴，能拿到屏蔽是意料之外，情理之中。

能拿到这次的好成绩，我觉得心态占了 5 分，运气占了 3 分，实力只占 2 分。

心态的话，考试前切忌浮躁，但需要一定的兴奋调动大脑思维。进考场前我们都有老师、校长的送考环节，我觉得这个环节的作用还是挺大的。同学间的相互鼓励，老师、校长、家长的支持，真的让我很感动，我觉得我充满了动力，怀着更大的信心去对待这场重要的考试。

心态方面，还有就是要有一颗平常心。相信大家考了几次试下来心理素质都得到了提高。其实要有一颗平常心，关键是平时就要认真细致地对待作业，并尊重每一场大考。我觉得要把每场考试当作检测自己这段时间学习成果的一次机会，是值得享受的，而不是一次痛苦的折磨。怀着尊重的态度作答，其实就是一种小心严谨。

心态中很重要的一点，就是要乐学。孔子有云 ：“知之者不如好之者，好之者不如乐之者。”学习是快乐的，而不是枯燥的。要把学习当作一件乐事，享受获得知识的过程以及消化知识后的满足感。掌握的知识越多 ，你的内涵也会越丰富，也会更有信心，对考试的畏惧自然也小了。

定下一个目标也是推动自己不断进步的方法。还记得我刚上初三就定下了考入屏蔽的目标，此后，我也不断地付出努力，不断地完善自己、提升自己，终于收获到了满意的结果。

运气的话，平时多帮助他人，为自己积累一些人品吧！

学习方法的话，理科方面，要善于去总结。复习期间，很重要的一点就是要总结出解题的一些共通的思维方式和方法技巧。总结出来之后还要会迁移，并适当多做题，在做题过程中尝试运用这些方法。

与此同时，还要学会化繁为简，化整为零。将一个复杂的问题拆分成几个小问题，各个击破，然后将结果汇总，往往就是解题的关键。

文科方面，考前回归课本、注重基础还是很重要的。要想学好文科，关键是要多背多记。关于背诵，可能许多同学都会觉得冗长复杂的文言文枯燥无味且背诵起来极为艰涩。其实，如果你掌握一些方法，背起来还是挺轻松的，例如联想记忆法。

背古诗文时，我一般习惯先翻译全文，然后再将文言文与白话文相结合着背诵。一些语言生动、有情节的文言文则适合在脑海中脑补对应的画面，可以像放电影一样配上字幕，这样背诵既有趣，速度又挺快，一举两得，岂不美哉！

陈岳纬

“一篇好的中考作文是考前有所准备的”

众所周知，一篇好的中考作文几乎不可能是临场发挥的，而是有所准备的。我认为大概可以从以下几点来看。

1. 素材

好素材能让老师有耳目一新的感觉，更容易获得高分，这点就不必多说了。每个人都有自己独特的经历，但有的人总觉得没什么东西好写。我的建议是可以多看看照片，回忆一下过往的小事，也许能获得些灵感。寻找适合自己的素材是一个漫长的过程。以我为例，我一直到初三上学期快结束，才找到写起来比较顺畅的素材。

其次就是要多与老师沟通，看一下老师对于自己作文的建议，调整作文的结构，不断打磨，确保自己熟悉素材该怎么写。

最后，也是最重要的一点，作文一定要有情感蕴于其中，否则就是空洞乏味的。一定要情景交融！情感不一定是爱，也可以是自己对事物的感受、思考。

2. 语言

语言要美！要用高级词汇，特别是开头要亮瞎阅卷老师的眼！这个大家都懂的。可以多看些作文书，参考一下高分作文的开头与结尾，再自己创新。开头可以多用景物描写引出叙述。

3. 扣题

有了好的素材、语言，并不意味着就能拿高分。关键还在于能否扣住标题。以今年作文为例——“原来，____”就带有原本不知道，后来才明白的含义，而作文也必须扣紧这一点来展开。

其次，一定要注意点题。并不是说开头结尾出现了就做到了点题，而点题应该是贯穿全文的。看作文书时可以用荧光笔将优秀作文的点题句划出来，揣摩作者的行文思路，甚至可以加以模仿，会对自己的作文有一定的帮助。

4. 卷面

电脑改卷的时代，字迹决定了老师对考生的第一印象。不必去苛求每个字笔画的优美，但一定要做到工整清晰，别让字体让你的作文失色。

3. 北大不是你想进，想进就能进

> 忍受那忍受不了的苦难，跋涉那跋涉不了的泥泞，负担那负担不了的重担，探索那探索不及的星空。

致即将成为高中生的学子

大家好！我叫霍宸霄，2014 年南实毕业生，今年有幸考上北京大学。陈政桦老师曾经是我的班主任兼语文老师，受陈老师所托，写一些东西给初三毕业的你们，希望一家之言能对你们有所帮助。

首先，祝贺学弟学妹们度过了三年的初中生涯，走上了人生的新阶段。作为一个过来人，我想提醒你们务必珍惜三年的高中生涯，无论你们是佛一、石门中学抑或是桂城中学的高中生，你在高中所认识的人和学到的知识都会是你们人生中最宝贵的财富。

又到一年暑假时，初三毕业发现没有作业，是不是很开心，不知道是不是在等待着军训？从初三到高中，不仅仅是这一个月的等待，更需要我们做好准备！

高中与初中相比，所要求的学科素养和理解能力上了一个台阶。初中时理科更好的我，在高中看着那个物理，毅然决然地选择了文科（可能单纯因为水平不行）。

听说你们是不分文理了吧？六选三不仅仅是选择三科初中成绩好的，更应该根据自己的兴趣做出选择。高中三年确实有日复一日的刷题和复习，也许真正的喜爱能让你们开心地坚持下去。

一定要“会”玩，高三的时候我曾见过两种人一起玩游戏，打炉石农药（王者荣耀）。可他们最后考上的大学差距却很大，一种是明白自己需要学习之余的调剂，知道什么时候应该去学习。一种则是为了玩而玩，无论上课还是在宿舍都沉迷其中，结果不言而喻。

知道自己想要什么很重要，定下一个目标，无论是中大还是北大，越早越好，即便无法到达，也能在路上学到一些东西。

然后应该找个好伙伴，那句话说得烂掉了但真的很有道理——书籍是人类最好的朋友。就在我们高考前几天，语文老师还是推荐我们阅读课外书，无论是三体还是欧亨利，古今中外找到自己喜欢的书去读就好。

知乎上有人问读书有什么用？有个回答很亮：我们读过的书就像我们小时候吃的饭，当时可能就是满足饥饿感，但是所有的一切都是我们身上的骨骼肌肉。书读得越多，功利一点就是我们的写作素材和作文风格，让我们不至于无话可写，长远来看是我们的眼界和素养，我们可以以更开阔的眼界看待这世界。

我们老师曾说过：一本红楼足以写遍世上所有作文。找到一本你的红楼真的很有用。PS. 高中的名著可以假期看哦，如果觉得枯燥，现在正是时间。

最重要的是认识你自己，每个人的学习方法和风格是不一样的，不要看人家去补课自己也要补，别人在刷题自己也是盲目地刷题，盲目地学习没有裨益，只会让你沉沦于攀比和觉得自己差了“学霸”一大截，就因为此，找到自己的道路才是重要的。不要看着什么学霸方法抑或是经验就要完全 copy 下来，参考并化为己用才是你的能力。

最后，送给你们我作文素材里最喜欢的那句来自塞万提斯的话：忍受那忍受不了的苦难，跋涉那跋涉不了的泥泞，负担那负担不了的重担，探索那探索不及的星空。

4. 点燃梦想的青春最绚丽

> 最美好的人生，不是轻易就能得到一切的人生，而是有一些不容易得到的东西，可以让我们去追逐的人生，而这个“东西”，就是“梦想”。

这么多年过去了，我仍然清晰地记得那个阳光明媚的下午，我打开信封，看到广雅中学录取通知书的那一刻。

激动的我转身给了同窗好友一个热烈的拥抱，当时瘦弱的我顺势抱起好友原地转了两圈！

那一刻，是我人生十五年来，最刻骨铭心的时刻。从那一刻开始，我似乎隐约地领悟到一个人生哲理：最美好的人生，不是轻易就能得到一切的人生，而是有一些不容易得到的东西，可以让我们去追逐的人生，而这个“东西”，就是“梦想”。

说起“梦想”，我也说不清到底是受到了谁的影响，我竟然从小就想着长大后要做一名优秀的老师。

初三的我，心里深知，顶尖的高中是我通往梦想这条道路上的重要驿站，于是我暗暗地定下目标，从此开启漫长而艰苦的备考。

二月，初春，周末，我坐在一棵大树底下的石凳上。看似干枯的枝丫上，星星点点地冒出了嫩芽，一滴露水从嫩芽上滚落，滴在我的书本上。我抬头一看，清晨的阳光正好透过枝叶，照耀着我。那一刻，我很温暖。

三月，繁花似锦，夕阳把鲜花映衬得分外艳丽，放学已久，我和三五个好朋友在教室里继续埋头复习。时间在笔尖流淌，不知不觉，夜幕降临。放下笔，从题海中脱身出来时，才顿觉饥肠辘辘。忽然，身旁的好朋友从书包里掏出一块面包，撕下一半，递给了我。那一刻，我很满足。

四月，小雨淅沥，天色微亮，我从睡梦中醒来，还未等我完全睁开惺忪的双眼，点心的香味就已经悄悄地从厨房飘出来，沁入我的心脾。每天都很晚才下班的爸爸，像变魔术一样，每个清晨都给我精心准备各式各样的美味早餐。那一刻，我很感恩。

五月，暑气初袭，我们坐在西晒的、闷热的教室里自习。遇到难题的我开始变得焦躁不安，就在此时，老师走过来，蹲下身子耐心地为我解惑。完后还轻轻地拍了拍我的肩膀，为我鼓劲。老师起身时，我清晰地看到了挂在她额头上豆大的汗珠。那一刻，我很感动。

六月，天朗气清，惠风和畅。我拿着录取通知书，站在那个时空的节点，回头一看，猛然发现，所有的苦痛早已烟消云散，一幕幕都是美丽的风景，我的心里装满了幸福和感动。原来，在拼搏的艰苦岁月里，我的青春也被梦想涂上了绚丽的色彩。

人生代代无穷已，如今已转身成为老师的我，看着身边的这一群初三的学子，就像看到了过往的自己。但是，我又不得不承认，他们比我更努力、比我更坚强。

我曾听说，倔强的你，为了争取更多的复习时间，大半夜躲在厕所里，打着电筒做题。

我也曾见过，你为糟糕的成绩落下失望的泪水，但是没等泪痕被风吹干，你早已再一次义无反顾地投入到学习当中。

我还曾见过，一张张成绩优异的试卷上，依旧谦虚地、细致地写满了校对的笔记。

已经数不清有多少次，我在晨曦微露的跑道上看到一个个在凛冽的寒风中跑步的身影。

我至今仍难以忘记体育中考的那一天，你奋力冲刺的那一幕，更无法忘记越过终点线后，老师和同学与你迎面相拥的那一刻。

是的，奋斗不息的你，不是一个人在战斗。最后，我想说，即将踏进考场的你，请记住：你握笔的手，有我们的力量。

5. 推荐父母阅读的好书

01.《孩子：挑战》

作者：鲁道夫·德雷克斯，薇姬·索尔兹

出版社：生活·读书·新知三联书店

这是一本写于1964年的书。如果你以为这本书的教育理念已经落后，那就错了，作者在书中提出的种种育儿方式和理念，至今读来仍然觉得十分适用。丰富的案例，加上严谨的分析，值得每一位父母细细研读。

作者鲁道夫是美国儿童心理学家、精神病医生和教育家。现代实践派儿童心理学奠基人。他开创性地将阿德勒的精神分析法和个体心理学发展为一系列实践方法，直接促使了正面管教、父母PET效能等方法的提出，在西方教育界具有深刻而广泛的影响。

02.《好妈妈胜过好老师2：自由的孩子最自觉》

作者：尹建莉

出版社：文汇出版社

我认为，每一位中国父母都应该读一读尹建莉的著作。她对中国父母所面临的难题了如指掌，常常能一针见血地指出其中症结，同时还能给出可操作性极强的行动建议。

很多中国父母日常遇到的教育难题，比如学习拖延、心理脆弱、二胎矛盾、坏习惯等，都可以在这本书里找到很好的解决思路。

我也特别认同凯叔说的这句话："如果你一生只有一次机会读一本育儿书籍，我拍着光头担保，你选择这本，绝对不会后悔。"

03.《最美的教育最简单》

作者：尹建莉

出版社：作家出版社

尹建莉告诉我们：美好的教育并不复杂，有效的教育往往是朴素而简单的。

作者本身就是一位非常优秀的妈妈，她的女儿圆圆曾被评为北京市市级三好生，16 岁参加高考，取得了超过当年清华录取线 22 分的优异成绩，被内地和中国香港两所名校同时录取，现已于美国常春藤盟校硕士毕业。因此，这本书并不是纸上谈兵，而是作者多年实践的经验总结。

如果你在为教育孩子而感到苦恼，那就不妨看看这本书。

04.《父母的格局》

作者：黄静洁

出版社：中国妇女出版社

作者黄静洁是著名作曲家、指挥家谭盾的夫人，有两个儿子。

她通过 18 年来在中美两地养育孩子的亲身经历，和近十年来与中国年轻父母探讨育儿经验的独特体悟，告诉爸爸妈妈：父母的格局有多大，孩子的未来就有多宽广。

如果每个父母都能抱着改变世界、贡献世界的观念和格局养育我们的孩子，那么不仅世界会变得更美好，我们的孩子也会变得更优秀、更强大，他们的人生将更有格局。

05.《整体养育》

作者：陈忻

出版社：中信出版集团

孩子胆小、没有安全感，怎么办？孩子爱发脾气，怎么办？孩子注意力不集中，怎么办……

然而，世界上并不存在一个统一的育儿公式。如果父母可以了解儿童发展的规律和特点，以及一些为人父母的原则和方法，很多问题可能就会迎刃而解。

《整体养育》是一本给广大父母的育儿指南。其中既有育儿的“内功心法”，也有育儿的“具体招式”，可以切实帮助父母建立对儿童发展的整体认识，帮助孩子发展各种必需的核心能力。只有我们手里握着儿童发展的全景图，用整体养育的思路去看待孩子的发展，才能看清楚来路和去路，进而反思自己的养育方式，帮助孩子更好地成长。

06.《为何家会伤人》

作者：武志红

出版社：北京联合出版公司

我认为，这本书可以敲醒沉睡中的父母。

有人说，《为何家会伤人》可以和鲁迅的《狂人日记》相提并论，因为作者写出了中国家庭也存在“吃人”的现象。

读者铁皮人这样评价这本书：我读过很多解读家庭关系的著作，但从来没有见过一本书这样适合中国人看。武老师对心灵这个东西有直觉，对他人的痛苦有着敏感的同理心，对怎样走出困境有中肯的见解。不管是为人父母，还是因与父母的关系而至今内心孱弱的人，这一本书都会大有帮助。

如果你想用正确的方式来爱自己的孩子，那就应该好好看看这本书。

07.《育儿基本：找到好方法，轻松做爸妈》

作者：高志宏，徐智明

出版社：北京联合出版公司

这是一本由爸爸和妈妈联手写出来的好书。

两位作者是广告出版界的知名人士，有着良好教育背景。他们在出版圈摸爬滚打几十年，还曾两度创业，养育出了一对非常独立自主的孩子。他们亲手写就的育儿心经想必能给很多爸爸妈妈带来思考。

二胎大时代来临，很多父母对于如何抚养两个子女焦急万分，择校学区房压力重重，到底养育孩子的初衷是为什么，这本书里作者夫妇的做法让我们停下追逐的脚步，犹如当头棒喝，反思教子之道。

08.《魔鬼老大，天使老二：智能时代的个性化家庭教育》

作者：诸葛越

出版社：中信出版社

如果你家里有两个孩子，而你同时又希望这两个孩子将来都能成为精英，那就不妨读一读这本书。

在这个科技与经济发展瞬息万变的时代，未来世界需要怎样的人才？怎样把握孩子成长的关键节点，培养孩子具备相应的技能？如何教会孩子时间管理，提升孩子的专注度？怎样从小培养孩子的阅读习惯和创业意识？怎样让孩子具有快速适应新环境的能力？

这本书是拥有斯坦福大学博士学位、大儿子已在剑桥读书的妈妈的教育心得。作者援引教育经典，记录性格迥异的两个孩子的成长故事，与你分享将孩子培养为未来世界所需要的人才的途径。

09.《我是个妈妈，我需要铂金包》

作者：薇妮斯蒂·马丁

出版社：中信出版集团

纽约精英妈妈有多拼？学区房、择校大战都只是小起点。关于阶层、育儿焦虑、中年危机，全世界妈妈面临的问题都是一样的。

每个城市都有一个“上东区”，那是精英阶层居住、社交和购物的专属社区。当耶鲁人类学博士薇妮斯蒂·马丁和丈夫一起带着孩子搬到上东区时，她对那里的生存规则还一无所知。从物色公寓、购买学区房、给孩子申请私立校开始，她打响了一场艰苦卓绝的“战争”，其紧张激烈程度绝不亚于竞选美国总统。这场“战争”持续了6年，为了让孩子迅速实现阶层跃迁，她又排除万难买到了爱马仕的铂金包。

10.《敢让孩子做自己》

作者：少年商学院

出版社：湖北教育出版社

你是希望未来有一个好的孩子，还是希望你的孩子有一个好的未来？这是一个值得玩味的问题。

很多家长的教育并不是从孩子的需求出发，而是从自私的角度出发，这样的出发点就导致孩子并不是被教育。这本书用优秀家长的教育案例，来证明卓越的教育一定是从敢让孩子做自己开始的。

少年商学院汇集了像南桥先生（知名教育工作者）、黄全愈（美国迈阿密大学孔子学院院长）这样的教育领域的专家，也有侨居和定居海外的成功妈妈，还有之前在博客上分享教育心得而有相当人气的博主，甚至微信创始人都亲自上阵，分享自己的一手教育经验，都是亲身实践，诚意十足。

11.《全职爸爸》

作者：毛利

出版社：中信出版社

本书用通俗风趣的语言对一个上海家庭的角色互换过程进行了详尽的观察和记录，内容干货满满，涵盖了许多妈妈们的困惑，爸爸们关心的育儿难题，还有各种焦虑与纠结的解决办法。只要父母配合得好，育儿可以变成一桩充满烟火气的乐事，也是世间难得的幸福。

带一个孩子到底有多难？这本书既有作家毛利的育儿生活记录，还附有全职爸爸小陈的育儿心得精华总结，针对家长关心的育儿问题做出解答，比如幼升小如何面试择校，要不要让孩子上课外班，如何带上孩子去旅行，隔代抚养的冲突等。

12.《做对“懒”爸妈，养出省心娃》

作者：沈奕斐

出版社：中信出版集团

复旦大学沈奕斐博士，通过对近1000个家庭案例进行分析，在多年的中国家庭关系和家庭教育研究的基础之上，结合哈佛大学多元智能概念和犹太家庭教育理念，提出了一套系统、科学有效的家庭教育方法——优势累积教育法。

优势累积教育法运用社会学的优势累积概念，在教育学的基础之上，借鉴积极心理学的方法，致力于化解中国家庭教育夹在传统权威式教育和西方快乐教育之间的困境，通过一整套具备可操作性的方法，改变父母认知，进而改变父母情绪与行为，让父母真正放松下来，“懒”之有道，享受愉快的亲子关系；同时保护并培育孩子的自我成长驱动机制，父母放心，孩子省心。

13.《坐在路边鼓掌的人》

作者：刘继荣

出版社：中信出版社

如果你的孩子确实没有过人的天赋，你会怎么做？

生活的节奏似乎越来越快，为人父母的你忧心孩子的人生，为人夫、为人妻的你总是面临工作与生活的两难，为人子女的你无暇顾及父母的惦记。《坐在路边鼓掌的人》则会让你慢下来，感受生活本来的样子。

作者刘继荣像是你的知己，知你藏在心里的苦，还知你未能察觉的幸福。她的平凡一如你我，对于亲人，她悔过、错过、失落过，但都没有放弃去爱、去相信。

她写下30个关于父母、孩子、伴侣的亲情故事。虽朴素，却能让所谓的坏时光，变成好时光。因为“爱与被爱是人的第十三对肋骨，时时处处，护住我们柔软的内心”。

14.《叛逆不是孩子的错》

作者：杰弗里·伯恩斯坦

出版社：机械工业出版社

作者伯恩斯坦博士是一名执业心理学家，也是国际公认的儿童、青少年和家庭专家，专注于儿童和家庭咨询27年，已帮助2000多个叛逆孩子及其家庭重建良好的亲子关系，重现温暖的家庭生活。

孩子叛逆只是因为到了叛逆期吗？是什么使他如此爱生气、爱发脾气？是什么使他表现出如此恶劣的态度和行为？

本书将告诉你：误解叛逆孩子的9大陷阱，停止大喊大叫的25个办法，不和孩子争输赢的13个策略，正确倾听和理解孩子的诀窍，表扬孩子好行为的正确方法，让纪律约束更有效的关键点，获得家庭成员支持的重要性，可能导致叛逆的心理健康问题。

15.《通往幸福的教育》

作者：三川玲，白滔滔

出版社：中信出版社

这本书最大的亮点，就是针对中国的国情，给出了一条让孩子能快乐成长、自我驱动的教育之路。帮助父母们消除重重焦虑与压力，学会根据孩子自身特点，发掘孩子的内在驱动力。在这个意义上，三川玲、白滔滔的家庭教育实践意义深远。

这本书会陪伴你，让你在审视自我和孩子的过程中找到乐趣，这样我们的孩子在长大后才有可能将幸福感传递给下一代。这本书的观点非常积极，又非常具有实践性。

16.《阅读手册：成就孩子一生的阅读培养法》

作者：真心爸妈

出版社：中信出版集团

阅读力不仅决定着孩子的文本理解力，奠定着各科课业成绩的底层逻辑，还反映着孩子的专注力和持续学习能力，在孩子建构人生的过程中起了至关重要的作用。

本书旨在帮家长梳理培养孩子阅读能力的办法和技巧，从而让孩子因阅读而优秀。作者夫妇在整理了数以万计家长在阅读方面的真实提问的基础上，结合先进的阅读理念，自身长期的家庭阅读习惯以及切实可行的育儿经验，专为中国家长整理的一套，培养孩子自主阅读力的指导手册。

17.《与青春期和解：如何解决青春期关键问题》

作者：凯文·莱曼

出版社：人民邮电出版社

在本书中，以擅长解决家庭、亲子、两性问题而闻名世界的凯文·莱曼博士，结合自身几十年为青少年家庭提供心理咨询的经验与养育5个子女的亲身经历，以他特有的诙谐犀利的写作方式，化身为家长们的幕后军师，对世界各地家长们在孩子处于激烈动荡的青春期时最关心的72个问题进行了一一分析，并给出了富有智慧的专业解答和建议。这些问题小到青春痘、翻白眼、做家务、睡懒觉，大到酗酒、盗窃、厌食症、暴食症、自残、自杀、未成年怀孕，以及手足相争等。

读完本书，家长将领悟如何运用心理学知识走进孩子的内心世界，迅速且有效地重塑孩子的行为、态度和品格。

18.《伯克毕生发展心理学(第7版)》

作者：劳拉·E.伯克

出版社：中国人民大学出版社

本书畅销美国近三十年，是发展心理学研究领域引用率极高的著作。它从毕生发展的角度，在系统而全面地阐述发展心理学各种理论和研究方法基础上，以人的发展的生物基础和环境基础为依托，以真人真事为例，把身体发育与心理发展知识和理论融为一体，对个体的生命早期、婴儿期和学步期、幼儿期、小学期、青少年期、青年期、中年期、老年期的各领域的发展娓娓道来。

丰富翔实的研究成果、鲜活生动的图文资料、简练流畅的表达风格，使本书将理论性、科学性和趣味性融为一体。

第7版新增了2300余条文献，反映了发展心理学的研究成果和热门的关注问题。本书对于心理学爱好者而言，具有极高的阅读和参考价值，可以作为学习心理学、了解自己、教育子女、赡养老人的一部“百科全书”。

19.《爱，需要学习》

作者：陈海贤

出版社：新星出版社

与伴侣争吵在所难免，如何将吵架转变为有效沟通，构建积极的沟通模式？有时我们渴望陪伴，有时又希望独处，如何与伴侣营造“既彼此独立，又温暖相依”的关系空间？孩子的到来让人欣喜，同时又会对家庭造成巨大冲击。如何完成二人世界到三人小家的平稳过渡？

人并不是天生就会爱，爱的能力需要学习。“爱，需要学习”，是一句口号。也是一个鲜明的主张。《爱，需要学习》是著名心理咨询师陈海贤的重磅新作，作者将自己十多年的心理咨询经验融入其中，详细解读了一段亲密关系旅程可能遇到的困境，从不敢进入一段亲密关系，到进入亲密关系后可能会遇到的沟通难题、孩子教养挑战、原生家庭的影响、出轨与分离等。作者不止提出问题，更提出了实用的方法，帮助读者学习爱的方法，顺利解决亲密关系难题，找到属于自己的幸福。

20.《孩子是个哲学家》

作者：皮耶罗·费鲁奇

出版社：上海社会科学院出版社

身为两个孩子的父亲，皮耶罗·费鲁奇对育儿生活焦头烂额的体验与我们普通的父母别无二致。然而不同的是，作为一个哲学家和心理学家，他敏锐的双眼发现了烦琐育儿日常背后，我们身为父母而产生的深刻心灵转变。

孩子长大了，父母变老了。这仅仅只是一种流于表面的物理事实。而在孩子与父母彼此交织的生命和生活中，更深刻的变化发生在我们的心灵之中。那么，身为父母，除了日复一日的操劳和一长串的账单，孩子们会给我们带来怎样的馈赠?

本书从不同侧面陈述了父母能从孩子身上所学到的“生活的艺术”。“孩子是上天赐给我们的礼物。”人们常常如是感叹，然而像作者如此深刻的剖析和觉察却并不多见。《孩子是个哲学家》正是这一观念的阐释。